精神科医が教える

ずぼら《ちょこっと》老後のすすめ

保坂 隆

海竜社

はじめに――老後は、楽しまなければもったいない！

「ほどほどで、がんばらない」を合言葉に

現在、日本人の平均寿命は男女ともに80歳を超えています。平均寿命がはじめて男女ともに50歳を超えたのは昭和22年でしたから、およそ70年間で30歳も伸びたことになるでしょう。

このように急激に寿命が伸びたのは、食生活や衛生状態の改善、医療制度が整備されたためとされていますが、私は、みんなが長生きしようとして「がんばった」というのも大きな理由のひとつだと思っています。

でも最近、思うのです。みなさん、ちょっと「がんばりすぎ」ではないかと。

もちろん健康状態を保つには、適度に体を動かすことが大切です。スポーツジムにシニアがたくさん通うようになったのは、そのためでしょう。

それはとてもよいと思うのですが、ランニングマシンやトレーニングマシンで「がんばりすぎている」シニアもよく見かけます。

おそらく、「老いになんて負けてたまるか」「自分はまだまだ若い」とがんばっているのでしょうが、「過ぎたるは及ばざるがごとし」の言葉がある通り、激しすぎる運動は逆に体に害になることがあります。

これに加え、がんばればがんばるほど、自分の老いを思い知らされるようになります。なぜなら、今まで無理なくできていたことが、できなくなったのが明らかになるためです。

たとえば、サイクリングで体を鍛《きた》えている人がいました。

サイクリングを始めたのは、退職した3年前。半年もすると一日50キロくらい走れるようになり、上り坂で30歳代の息子を置き去りにするほどに。ところが、今年になって急に足が動かなくなり始めたのです。真面目にトレーニングを続けているのですが、がんばりすぎたせいか、筋肉痛もひどくなってしまいました。

いくらがんばっても60歳代の体を若返らせるのは不可能です。そんなことは承知のはずなのに、がんばりすぎている人は、あるとき突然、それを知って愕然《がくぜん》としてしまうのです。

歳をとるにつれて、できないことが少しずつ増えていくのは自然です。それを素直に受け入れるのが老いるうえで欠かせないことではないでしょうか。

今まで通りにできなくなったら、年相応にペースダウンすればいいだけ。それを恥ずかしいと思って無理をすると、ケガをしたり体調を崩したりして、かえって寿命を縮めかねません。

若さを保ちたい、長生きしたいという気持ちはよくわかります、でも、そのためにがんばりすぎるのは百害あって一利なし。トレーニングやスポーツは、無理をしすぎず、「ちょこっとずぼら」にやることが肝心だと思います。

「ずぼら」と「ちょこっとずぼら」の違い

「ちょこっとずぼら」にと話しましたが、これはトレーニングやスポーツにかぎった話ではありません。歳を重ねれば重ねるほど、すべての場面でがんばりすぎないように、「ちょこっとずぼら」を心がけるのが大切だと思います。

でも、実際にはなかなかうまくいかないようですね。なぜなら、誰にとっても老いを経験するのは初めてだからです。

ほとんどの人は50歳代半ばを過ぎたあたりで、「もしかするとこれは老いなのではないか」という、今までに味わったことのない不安を感じます。

このとき「老いた」と感じるきっかけは、物忘れや体力の衰えが多いようです。それに対する反応は人それぞれですが、老いに抗《あらが》おうとがんばっても、それは不可能。だから、老いを素直に受けとめて、「ちょこっとずぼら」に過ごすことが、老いた後も元気に暮らせる秘訣だと思うのです。

でも、「ちょこっとずぼら」がどの程度のことをあらわすのか、わかりにくいですね。そのヒントになるのが、『般若心経入門』(祥伝社)の著者でもある故・松《まつ》原泰道《ばらたいどう》先生が心がけたという「無理をしない」「無駄をしない」です。

「ずぼら」というと、昼まで寝ていて、部屋には飲みかけのビールや食べかけの弁当が転がったままのような光景を思い浮かべる人もいるでしょう。

しかし、「ちょこっとずぼら」と「ずぼら」は、似て非なるものです。

松原先生がおっしゃっている通り、「ちょこっとずぼら」は、無理のない範囲で早起きしますし、飲みかけ食べかけなどといった無駄もしません。

「腹八分」という言葉がありますよね。満腹になるまで食べないで少し控えめにしておくという意味ですが、老いを感じたら、さらにここから一分～二分を引き、すべてのことを六分～七分で留めておくのが「ちょこっとずぼら」の極意だと私は思っています。

人の気持ちというのは体力ほど衰えないものです。そのため、歳を重ねても若い頃と同じ生活を続けてしまう人が少なくありません。

しかし、それを周囲から見ると、ただの無謀。「年寄りの冷や水」などと言われる前に、日頃から六分～七分に留めるという習慣を身につけるのが、シニアらしい分別といえるのではないでしょうか。

「こうでなければ」から離れてみる

今のシニアの世代の方々は、現役時代何事にもがんばって生きてきたことと思います。しかし、ある年齢になったら、「こうでなければ」「ねばならない」という考えからは距離をおいたほうがいいでしょう。

「精一杯努力しなければいけない」「必死でがんばろう」などと、ある一定の期間、目標に向かって全力で努力することは大事です。でも、シニアになったら、周囲に迷惑をかけないかぎり、「人生はこう生きるべき」といった枠からはみだしてもかまわないはずです。

逆に、いつまでも「こうでなければ」という考えにとらわれていると、せっかく目の前にある自由で豊かな時間を過ごせません。「制約」を意識の外におき、解放感のある人生を楽しまなければ、もったいないでしょう。

もちろん、やりたい放題、自分勝手ということではなく、「〜してはいけない」と思ってきたことに対して、「〜してもいい」と考えてみるのはどうでしょうか。

たとえば、「夜は8時間、眠らなければいけない」というのを「たまには、睡眠時間を削って好きなことをしてもいい」にします。夜更かしをして翌朝少し寝坊をしても、誰にも迷惑をかけないでしょう。

家事にしても、「常にきれいに掃除をしなければ」を「部屋は片づいているし、ホコリもないから、今日は掃除をさぼっても」にすれば、それだけで、なんだか自由な気持ちになれるはず。

「こうでなければならない」という思い込みから離れてみるだけで、心はずいぶん軽くなりますね。自分を縛りつけるルールはストレスにもつながるのです。

本書では、これまでの精一杯走り続ける生き方から、のんびり余裕を持った生き方に換えるヒントを書いてみます。このなかのいくつかを取り入れるだけで、老後の暮らしはグッと楽しく、楽になるでしょう。どうか実践してみてください。

平成30年1月

保坂　隆

目次

第3章 がんばらず欲張らず

第4章 クヨクヨにさよなら

編集協力　幸運社／岡崎博之
装　　丁　川島　進

第1章
楽ちん生活の極意

親切には遠慮なく甘えよう

ある会社員の女性は、先日、複雑な経験をしたそうです。

「打ち合わせに行くときに地下鉄に乗って座っていたら、隣の駅でたくさん人が乗ってきて、そのなかにお一人、杖をついているお年寄りがいたんです。そこで、勇気を振り絞って、『すぐ降りますので、どうぞお座りください』と言ったところ、『席を譲られるほど老いぼれていない。バカにするな!』と怒鳴られてしまったんです。恥ずかしいやら悲しいやらで、次の駅で降りてしまいました」

実は、彼女と同じような経験をしている人が増えているそうです。

言うまでもありませんが、彼女に「相手をバカにしてやろう」などという気持ちは微塵《みじん》もありませんでした。あくまでも親切心で「お座りください」と言っただけなのですが、それがシニアには侮辱《ぶじょく》の言葉に聞こえてしまったようです。

このように、些細《ささい》なことに怒りを爆発させてしまうのは「社会的承認欲求」という心理が満たされていないためだと思われます。社会的承認欲求をわかりやすい言葉でいうと、「他人から一目置かれていると思える気持ち」となります。

現役時代に高い役職に就いていた人によく見られるケースで、会社では「部長」や「所長」などと呼ばれていたにもかかわらず、定年退職したとたんにただのオジサンになってしまった。そのことにプライドが傷つけられ、「みんなにバカにされている」と思い込んでしまうようです。

最近、シニアがキレる事件がニュースでよく取りあげられますが、これも同じ心理が原因になっているケースが多いと思われます。

自分に自信を持つのはとてもいいことです。日本では超高齢化が進み、どこまで社会福祉に頼れるかも不透明になっています。だから、できるだけ自分でやろうという気持ちも大切です。

しかし、すべてを自分でやろうと考えていると、必ず限界が訪れます。どんな人でも一人では生きていけません。会社から飛び立ち、地域という大きな社会のなかで生きていかなければならない老後なら、なおさらです。

だからこそ、がんばりすぎずに周囲と協力したり、ときには助けてもらって「ちょこっとずぼら」に生きていくことが大切なのですが、プライドが高い人や優秀な人ほど、これが苦手なようですね。

でも、「実るほど頭《こうべ》を垂れる稲穂かな」という有名な言葉の通り、「自分は周囲から敬われるべき人物だ」と思っている人ほど、謙虚な姿勢で他人と接することが大切だと思うのです。

前出のように、席を譲られたときも、「バカにされている」と独り合点するのではなく、相手の気持ちを考え、素直に親切に甘え、「ありがとうございます」と軽く頭を下げて感謝を伝えたほうがいいと思うのですが、どうでしょうか。

「自分を厳しく律しているだけ」という人もいるでしょう。しかし、それが周囲からは「やせ我慢」に見えていることも多いもの。

親切は素直に受け入れて、いつかできるときに誰かにお返しすればいいと思います。

人間関係も「ちょこっとずぼら」に

最近は、年初の挨拶《あいさつ》をメールやＬＩＮＥですませる人も多いようですが、未だに年賀状は25億枚以上（２０１７年）もやりとりされています。

年賀状は、日本が世界に誇れる文化のひとつだと思いますが、最近は手書きの挨拶が一言もない無味乾燥なものも増えています。印刷した年賀状に何も書き添えられていないのは、こちらに特別な感情がないというようにも感じられます。

そんな人との関係は今後も発展しないでしょうし、そういう人には、あなたも惰性《だせい》で年賀状を出しているに過ぎないはずですから、思い切って年賀状のリストから消してしまってもいいと思います。

年賀状だけではありません。シニアという年齢層に入ったら、人とのつきあい自体も「ちょこっとずぼら」に考え直してみるのはどうでしょうか。

社会人時代には、相性が悪いと感じている人ともつきあわざるを得なかったはず。しかし、退職後は、そのような無理をする必要はないと思います。

たとえばOB会。大学の同窓生や、企業の退職者で組織されるグループで、食事会を催したり、旅行へ行くのが一般的な活動のようです。これを楽しみにしているならいいのですが、元上司や元先輩と顔を合わせたくないというなら、無理して参加しなくてもいいでしょう。とくに退職したばかりだと、OB会のメンバーは年上ばかりですから、せっかく食事会へ行っても「運転、頼むね」と言われてお酒を飲めなかったり、面倒な幹事を押しつけられることが多いようです。

こんなふうに、大学時代・社会人時代の延長のように苦労してまで気の進まないつきあいをする必要はありません。

だからといって「行きたくありません」とズバリ言ってしまうと不要なトラブルが起きる可能性もありますから、

「出欠をお伝えするのを忘れていました」

「その日の予定がまだ決まらないので、今回は欠席に……」

といった、ちょこっとずぼらな返事をしておけばよいでしょう。

これからは退職金と年金で暮らしていくわけですから、行きたくないイベントにお金を出して参加することはありません。それなら、奥さんと2人で温泉へ行ったり、気のおけない仲間たちと飲みに行ったほうがよほど楽しいでしょう。

また、退職後に知り合った人とのつきあい方も「ちょこっとずぼら」がおすすめです。

たとえば、地域活動で知り合った人と飲む機会があっても、「今までどんなお仕事を？」などと立ち入った話は控えたほうがいいですし、「おごる・おごられる」の関係も作らないこと。財布を忘れたとか、知らぬ間に支払われていたというのは「ずぼら」は御法度《ごはっと》です。たとえ相手が年長だとしても上下関係はないわけですから、飲み食いしたら基本は割り勘。あるいは自分が頼んだものは自分で支払うようにしましょう。ここも「ずぼら」と「ちょこっとずぼら」の違いですね。

とにかく、シニアになってからの友だちづきあいは、お互いに深入りしすぎず、つかず離れずの距離感がちょうどいいと考えましょう。

冠婚葬祭も「適当」でちょうどいい

近所にあった小さな書店が次々と閉店してしまったので、最近は都心の大規模書店へ通うことが多くなりました。

たくさんの本が置いてあるなかで、いつも気になることがあります。それは冠婚葬祭の本のコーナーが、かなりの面積をとっていることです。

アメリカ生活を経験してから、私は、日本の冠婚葬祭は派手すぎて複雑怪奇で、弔《ちょう》意《い》や祝意をお金であらわすところにも違和感を覚えるようになりました。

口には出さなくても、そう感じている人は多いと思います。だからこそ、冠婚葬祭の本が何十種類も出ているのでしょう。

こんなことを言うと、「昔から日本に伝わる儀式なのだから、日本人なら従って当然」とお叱りを受けるかもしれませんが、現在行われている冠婚葬祭は、戦後の高度成長期に経済とともに急速に発達した習慣が多いようです。

それは、昔の日本映画を、観るとよくわかります。結婚式も葬式も当然のように自分の家で行われていますし、そこで出される料理も家庭料理がほとんどでした。

それが今では、結婚式も葬式も専門の業者の手で行われるようになり、形ばかり派手になって、心がこもっていると感じられない、お金だけを要求される、残念な冠婚葬祭も増えてしまったように思えてならないのです。

しかも、日本人は冠婚葬祭に対しては、財布の紐《ひも》がゆるくなりがちです。でも、ほとんどのシニアは年金だけが収入源のはずで、額面も現役時代より少なくなっているでしょう。それなら、冠婚葬祭に対しても現役時代ほど財布の紐をゆるめる必要はなく、「シニア流」に変えていいのではないでしょうか。

結婚式や葬儀、法事に出席しようとすれば、お祝金やお香典は必須ですし、交通費もかかります。体型が変わっていれば礼服だって用意しなければならないでしょうし、女性の場合はさらにあれこれ必要でしょう。

現役時代は仕事上のつきあいもあって出席せざるを得なかったとしても、退職してからは、それほどがんばってお金をかけることはありません。

「出席しないなんて、薄情なヤツだ！」

そう非難されるかもしれませんが、本当の親友や友人なら、経済的に厳しいから出席できないということも察してくれていいはず。これこそ「昔から日本に伝わる美点」だと思うのですが、いかがでしょうか。

自分の葬式も、そのような負担をかけないようにあらかじめ考えておくといいでしょう。たとえば、最近は、通夜や告別式も省略し、近親者だけが集まって火葬のみを行う「直葬《ちょくそう》」というシンプルな葬儀スタイルもあるそうです。

「祭」についての対応も同様です。地域のお祭りには寄付や祝金がつきものですが、これも、がんばりすぎることはありません。「年金暮らしになったものですから」と言って、金額を下げたり、お断りすることもできるのです。

お中元・お歳暮も見直す

ある年齢になってくると、お中元やお歳暮というのも、面倒に思うようになるのではないでしょうか。

「毎年贈っていて、今さら、やめるわけには」と続けている人がいます。でも、これでは心がこもっているとはいえません。

あちこちから頂き物のある家庭では、そのまま放置されるケースも多いようです。親が亡くなって部屋の整理をしているときに、こんな体験をした人がいます。

「押し入れに箱が山積みになっていたんです。どれもきれいな包装紙がかけられたものばかりで、中身は缶詰やタオルなど。『早く食べればよかったのに』『どんどん使えばよかったのに』って、悲しくなりました。もったいないと思っていたんでしょうが」

これでは残念な気がします。とくにリタイアしたら、こうした形だけの交際からは卒業してもいいのではないでしょうか。

暑中見舞いや年賀状、寒中見舞いなどを出す機会に、「年金暮らしになり、今年から不義理をさせていただきます」と伝えるという人もいます。

相手も習慣的に贈答を続けていただけかもしれませんし、経済的に負担に感じていたかもしれません。それなら、こういう申し出に感謝するはずです。それに、真の友人なら、お中元やお歳暮のやりとりなどなくてもいられるものでしょう。

ただ、私の場合、届くのを楽しみにしているものがあります。

セラピストとして東京で働いていた元同僚の彼女は、地方の実家へ戻り、医療に携わっています。その地方の名物のきんかんを甘く煮て送ってくれるのです。心が安らぐ冬の楽しみです。

このように心がこもった品物なら、お中元、お歳暮という習慣も残したいと思います。

適正サイズの家に住み替えて楽をする

いつもお世話になっている方から、引っ越しをしたという挨拶状が届きました。引っ越し先の住所を見ると、今まで住んでいた一軒家と同じ区内でしたが、「○○号室」とあるので、マンションのようです。

その後、ある会合でこの方に会うと、引っ越しに至った事情と現在の感想を教えてくれました。

「子どもが全員独立したので、今まで住んでいた一軒家では持て余すようになったんです。最初は、空き部屋があれば荷物置き場にできると思っていたんですが、ある日、ガラクタばかり溜め込んでいるのに気づいて、『これじゃダメだ』と思ったんです。引っ越し先はこぢんまりしたマンションですが、戸締まりも簡単で楽ですよ」

若い頃は、「広い一軒家に住みたい」と考えるものです。そして、それを実現するために、がんばってお金を貯めているという人もいるはずです。

でも、広い家には広い家なりの苦労がついてまわるもの。掃除は大変ですし、修理やリフォームにもお金がかかります。泥棒が入る心配もあり、セキュリティ対策も必要ですし、のんびり旅行もしていられないかもしれません。

子どもが独立していくつも部屋が必要なくなったら、こぢんまりしたマンションに引っ越すというのはとてもいい考え方だと思います。

最近のマンションはしっかり防犯対策がされていますから、気を張らず、ちょこっとずぼらに生活できますし、断熱効果も優れていて光熱費も抑えられます。バリアフリー化も進んでいるため、万が一、体が不自由になっても、一軒家よりも自宅で生活する時間を長くできるのも大きなメリットといえるでしょう。

「荷物が入りきらないから、マンションに引っ越すなんて絶対に無理！」

こんな声が聞こえてきそうですね。でも、狭いから荷物が入りきらないというのは間違いです。

禅問答みたいですが、荷物というのは、いくら収納スペースがあっても入りきらないものではありませんか。実際、こういう声もあるのです。

「最初は、空き部屋を物置にすれば家の中がスッキリすると思っていたのですが、実際には空き部屋が荷物でいっぱいになっても、まったく片づきませんでした。ゆとりがあればあるほど、節制が効かなくなると思い知りましたよ」

人は「置く場所がある」と思うと、荷物の取捨選択が上手にできなくなってしまうようです。

「がんばって保管しているのだ」と言う人もいますが、荷物が多い家に住んでいると、寿命を縮めることにもなりかねません。実は、国民生活センターの調査によると、高齢者の事故のうち6割以上が住宅内で起きていて、その主な原因は荷物のつまずきにあるそうです。

その点、「少し狭すぎるのでは」と感じるマンションに思い切って引っ越しすれば、どんなにずぼらでも、荷物を整理・処分しなければなりませんから、こんな事故にも遭わずにすむことになります。

思い出の品も半分にしてみると心が楽に

ちょっと前に、俳優の高橋英樹《たかはしひでき》さんが、33トンもの不要品を「断捨離《だんしゃり》」で処分したと話題になりました。これほど大量に処分できる「モノ」があったことに驚かされましたが、それよりも高橋さんの思いきりのよさに感銘を受けました。

私たち日本人、とくにシニアといわれる世代の人には、「もったいない」という考え方をよしとする傾向があります。この考え方自体は素晴らしいのですが、人の心は年齢とともに凝《こ》り固まっていくものです。「もったいない」という気持ちも強くなっていき、その結果、何も捨てられないシニアが増えています。

その極端な例が、社会問題化しているゴミ屋敷です。ゴミとしか思えないモノが山積みになっているのですが、持ち主に話を聞くと、「すべて必要なもの。だからとってある」と答える人が多いのです。

これは決して他人事とはいえません。あなたが「思い出の品」「これは貴重品だ」と思っているモノでも、他人から見ると不要品であることは珍しくありません。

本当に貴重品だったとしても、持ち主が亡くなったとき、それを引き継ぐ人の気持ちは複雑です。亡くなった人の人生との関わりが感じられるモノほど、おいそれと捨てたり、売り払うわけにはいかないという気持ちがのしかかってくるからです。

「立つ鳥跡を濁《にご》さず」ということわざもある通り、この世を去る際には、自分の持ち物はできるだけ始末しておいたほうがいいと思うのです。それが難しいなら、ちょこっとずぼらになって、半分にすることから始めてみてはどうでしょうか。

漫画家の弘兼憲史《ひろかねけんし》さんも60歳を超えてから、「持ち物を半分にしよう運動」を始めたそうです。たとえば本も半分、食器も半分、思い出の品も２つあったらどちらかは処分するということです。

人には、二者択一で迫られると答えを出しやすいという心理があるため、これはとてもいいやり方だと思います。

インターネットで楽ちんのお買い物

ここ40年の間に全国の小売業はひどく減ったそうです。近所の商店街にも、シャッターを下ろした店が目立つようになりました。

この結果、「買い物に困難を感じている」という、いわゆる「買い物難民」が激増して、地方では「往復で数千円のタクシー代をかけないと食料品を買いに行けない」というケースもあるそうです。

とはいえ、今さらスーパーの近くに引っ越すというのも現実的ではないでしょう。それなら、インターネットスーパーの利用を考えてみてはどうでしょうか。

高齢になるとインターネットのような新しいものを敬遠しがちですが、私は、シニアほどインターネットを利用するのがいいと思っています。

なぜなら、大手スーパーだけではなく、一部のコンビニエンスストアの商品もインターネットで注文できるからです。

しかも、早い場合にはその日のうちに注文した商品が届きますから、「重い荷物を持って何キロも歩いて帰ってこなければならない」という苦労もなくなります。

また、スーパーまでの距離が遠いと買いにくい冷凍食品も、カチカチに凍ったまま届きます。生鮮食品より安価な冷凍食品は生活費節約の大きな味方ですから、年金生活を送るシニアにとってはありがたいことです。

さらに、ネットスーパーを利用すると無駄遣いが減るという意外なメリットもあります。スーパーへ行くと、あれこれ目移りしていらないものまで買ってしまいがちですが、ネットスーパーなら商品を検索して選ぶため、必要なものだけ買うようになるというわけです。

購入金額が一定の額に達しない場合は送料をとられることもありますが、タクシー代と往復にかかる時間を考えれば、賢い「ちょこっとずぼら」だといえるでしょう。

シニアがインターネットを利用するメリットがもうひとつあります。それは、銀行に行く必要があまりなくなるという点です。

いろいろな小売業と同時に、全国で閉鎖が進んでいるのが銀行です。近くの支店が閉鎖されたら、年金を下ろすためにわざわざバスや電車を使って町に出て行かなければなりません。

でも、こんなときもインターネットを利用すれば、自宅で銀行の預金残高や年金の入金状況を確認できます。

なかには、「数千円の公共料金を振り込むために同じくらいの交通費を使う必要がある」という人もいるようです。そんなときは「ペイジー」を利用すればいいと思います。「ペイジー」は、電気代や水道料金、税金、電話代など、ほとんどの支払いをインターネット経由でできるサービスです。

ネットスーパーやネットバンキング、ペイジーの利用は、パソコンだけではなくスマートフォンでもできますが、設定が難しそうだと思ったら、がんばりすぎずに、子どもに頼みましょう。

親のためにできることがあるのは、子どもにとってもうれしいことですよ。

がんばりすぎない食事

「以前ほどメシが食えなくなった。もう、オレも歳かな……」

先日、友人のE君（60歳）がしみじみと口にしました。

心配になって「どれくらい食べているの？」と聞いたところ、

「ご飯でいうと、お茶碗に３杯かな。昔はドンブリに３杯はいけたから、ずいぶんと少なくなったもんだよ。オレ、病気かなぁ？」

E君は昔から健啖家《けんたんか》として知られていましたが、まさか今でもお茶碗に３杯もご飯を食べているとは……。私は笑いをこらえながら「大丈夫、健康そのものだよ」と言ってあげました。

ほとんどの人は歳をとるにつれて、食が細くなっていくのが一般的です。男性でもご飯をお茶碗１杯食べきれないという人もいるでしょうし、大好物だったはずの焼き肉を2～3切れ食べただけで、もうたくさんという人もいます。

これを、「昔はもっと食べられたのになぁ」「なんでも美味しく感じたのに」とネガティブにとらえ、なんとか食べるようにがんばっているシニアがいます。

でも、そんな必要はありません。年齢とともに食が細くなっていくのは、胃腸の働きが弱くなったのと、基礎代謝量《きそたいしゃりょう》（呼吸や体温維持など、生きていくうえで最低限必要なエネルギー量）が減ったためです。たとえば、50歳以上の男性の基礎代謝量は、6～7歳時の半分以下なのです。

つまり、シニアになってからも若い頃と同じものを同じ量食べていると、胃がもたれて体調を崩したり、体重がどんどん増えていってしまうというわけ。

だから、「がんばって食べよう」なんて考えず、ちょこっとずぼらに身を任せ、「小食ですむから、その分、高級な食材が買える」「食費が減るぞ。万歳！」などと気楽に考えましょう。

ちなみに、前出のE君にも「もう少し減らしてもいいくらいだぞ。とにかく、糖尿病には気をつけて」と付け加えておきました。

「粗食は長生きの秘訣」というけれど

がんばって食べようとする人がいる一方で、必死に粗食《そしょく》を目指す人もいます。

久しぶりに知人に会ったとき、ガリガリに痩《や》せていて驚きました。76歳というので、

「体調を崩しましたか？」と聞いたところ、

「とんでもない！　健康で長生きのためには粗食がいちばんと聞いたので、それを実践しているんです。肉は食べず、魚は白身だけ。もちろん、料理は油を使わないで作っています」

それはちょっとやりすぎでは……という顔をしたら、すかさず、

「だって、刑務所に入ると長生きするなんていうじゃないですか」という言葉が返ってきました。

おそらく、「刑務所の食事＝生きるために必要な最低のカロリー」と思い込んでいたのでしょう。しかし、実際には受刑者たちの健康を考えてしっかりカロリー計算されていて、肉やサンマなどの脂がのった魚も提供されています。

言うまでもありませんが、極端な粗食は健康に害を及ぼします。たとえば、貴重なたんぱく源である肉の摂取量を減らしすぎてしまうと、筋肉量や筋力が減少して立ち上がったり歩くことが難しくなります。これをサルコペニアといい、75歳以上のシニアの2割以上に症状が見られます。

サルコペニアは要介護になる可能性が高い症状で、日常生活で頻繁につまずくようになったり、手をつかなければ立ち上がれなくなった場合は危険信号です。食事制限をする人も、もう少し脂っこいものなどを食べるようにしてください。とくに小食になってきたシニアにとっては、肉類の摂取も大切です。

健康で長生きしたいのはわかりますが、江戸時代の儒学者貝原益軒《かいばらえきけん》も『養生《ようじょう》訓《くん》』に、「人生はたった一度なのだから、大いに愉《たの》しむべき」と記しています。つまり、がんばりすぎたり、禁欲しすぎるのも考えものということですね。

健康診断の数値を気にしすぎない

健康で長生きするためには、健康診断を受けることが欠かせません。でも、健康診断の結果をあまり深刻に考えて、クヨクヨすることはないと思います。

「医者の分際でなんてことを言うんだ！」と怒られるかもしれませんが、検査結果をお見せすると、「もう私も歳だ」「あまり長く生きられそうにない……」と落胆してしまう人があまりにも多いので、あえてこう申し上げたいのです。

立川昭二《たつかわしょうじ》北里大学名誉教授は「健康ブームは、健康人が増えることではなく、むしろ健康を気にかける人、健康に不安な人が増えることをいう。あるいは不健康ブームというほうが正確かもしれない」と指摘していますが、私も同意見です。

シンプルな構造のモーターだって、50年も60年も故障なしで動き続けるのはまず無理ですから、人間のように複雑な構造の生き物だったら、時間とともにあちこちにガタが出るのは当然です。

たとえば、血圧が高いと脳卒中や心筋梗塞《しんきんこうそく》、腎障害《じんしょうがい》などを起こしやすくなります。でも、血圧というのは年齢とともに上昇していくものなのです。

だから、医師に「血圧が高めですね」と指摘されても、体や心に不調を感じていない程度なら、深刻に考えすぎたり悲観的になることはありません。

もちろん、上が200を超えている状態では適切な治療が必要ですが、高めと言われたくらいで深刻に考えすぎると、ますます血圧が上がります。その結果、本当に体を壊すことになりますから、ちょこっとずぼらに考えてほしいのです。

ただし、今までに何度も言っている通り、「ちょこっとずぼら」と「ずぼら」は似て非なるものなので、勘違いしないでくださいね。

「血圧が高め」と指摘された後も不摂生を続けるのは「ずぼら」で、論外です。数値に多少の異常が発見されても、医師のアドバイスを受けて、日々の健康管理に気を遣い、上手に体調をコントロールできているなら、それ以上悲観的になる必要がないというのが「ちょこっとずぼら」の精神ですよ。

病気との上手なつきあい方がある

テレビやラジオの番組にしても、また本や雑誌にしても、驚くほど「健康」をテーマとして取りあげています。まさに「健康ブーム」です。

ところが、作家の五木寛之《いつきひろゆき》さんは『健康という病』（幻冬舎）という本を出しています。健康を過度に気遣うのは病気だと主張するのです。

たとえば、健康診断で血圧が高めと注意されたものの、その原因がわからないケースもあるでしょう。原因がわからなければ、なおさら不安になるとは思いますが、あえて「わずかな数値の違いで一喜一憂する必要なんてありません」と言いたいところです。

「病は気から」と言うではありませんか。考えすぎたり、深刻になったり、悲観的になったりするほうが、よほど健康のためによくありませんね。

ガンになってからの生存率が最も低いのは「絶望してしまう人」です。人間は気持ちが負けてしまうと、病気に命を奪われてしまうこともあるのです。

病気と診断されても、ガックリ気落ちする必要はありません。逆に、体のどこかに不具合を抱えていれば、定期的に病院に行くようになりますから、「一定の期間をおいて健康チェックを受けている」くらいに考えてみてはどうでしょうか。

「無病息災」という言葉もありますが、いわば「一病息災」くらいの気持ちで病気とつきあいたいものですね。

今年で85歳になるある人の場合、7人兄弟でしたが、今も生きているのは自分一人だけだそうです。実は、幼い頃に病気がちだったことから、両親が「この子は20歳まで生きられないんじゃないか」と心配していたそうです。

しかし、あせらず、あわてず、無理をしない生活を送っているうちに、「いつのまにか長生きしていた」と話していました。

貝原益軒も「病気を早く治そうと思って急ぐと、かえって病気を重くする。のんびり自然に任せるがよい」と語っていますよ。

かかりつけ医は近さがポイント

シニアにとって、大きな心配はやはり健康のこと。突然、体調が悪くなったときに、そばに誰かがいれば異変に気づいてくれますが、もし自分一人だったら、できることにも限界がありますね。

そうした不安もあってか、ちょっとした不調があると、バスや電車を乗り継いで、かなり遠くでも大きな病院で診察を受けるという人が少なくありません。しかし、それが可能なのは、体力も気力もある人、つまり、ある程度元気な人です。具合はよくないけれど、遠くの病院まで行くのもおっくうになると、本人が思っている以上に病気が悪化してしまうケースもあり得ます。

ほとんどの人は、風邪や腹痛などのちょっとした体調不良は、近所の病院で受診しているでしょう。実は、この近くのドクターと上手につきあってほしいのです。小さな医院でも、よいドクターと出会えたなら、かかりつけ医になってもらうといいでしょう。

一人のドクターに長い期間診てもらうことの長所は、ドクターも患者を正しく理解できること。さらに人間関係も深まれば、ちょっと気にかかる程度だけど……という場合も相談しやすくなります。

万が一、救急車を呼んで大きな病院に搬送されるとしても、近くに信頼できるかかりつけ医がいて、正しい応急処置をしてもらえれば、事なきを得る場合もあります。近くのかかりつけ医は、シニアにとって、とても強い味方なのです。

もうひとつ、近さに注目してほしい点があります。それは、ドクターと自分との年齢の近さです。近い年齢であれば、患者の症状をリアルに感じ取ってくれるはずですし、話もしやすいでしょう。優秀な若いドクターもいますが、シニアの体をよく知っているのは、シニアのドクターであることは言うまでもありません。

近くにある医院が、小さな診療所だったとしても心配はいりません。ドクターは大きな病院とのパイプを持っているもので、重大な病気になったり、その可能性があるなら、適切な病院を紹介してくれるからです。

ある一人暮らしの人は、家族がいれば自宅で治療可能な程度の症状でしたが、かかりつけ医から、「一人暮らしでしたら、しばらく入院されたほうがいいでしょう」と、入院先を手配してもらえたそうです。

「いざとなれば、救急車に来てもらって病院に行けばいい」と考えている人がいるかもしれません。しかし、救急車を呼んでも、受け入れ先の病院がすぐに見つかるとはかぎらず、いくつもの病院に受け入れを断られ、ようやく受け入れ先が決まったという話も珍しくないのです。

ある男性は、運転中に、後ろから来たクルマに追突され、救急車で病院に搬送されたのですが、それは近所の病院ではなく、少し離れた病院でした。搬送されながら、「どうして、目の前に病院があるのに、ここじゃないんだろう」と不思議に思ったとか。あとになって、「まあ、大したケガじゃなかったからいいけど……」と笑って話していましたが、命にかかわるケガだったら、笑えない話です。

小規模でも、やはり近くに医院やドクターを見つけておきたいものですね。

万年床も上手に使えば体にやさしい

布団を押し入れにしまうのは意外と重労働で腰を痛めるシニアが多いようです。だからといってベッドを置くスペースはない。こんな場合は、毎日がんばって布団をしまわず、万年床で寝てみてはどうでしょうか。

ただし、昔ながらの万年床は本当のずぼらです。一晩に体から放出される水分量はコップ1杯分にもなるとされていますから、敷きっぱなしにしていると布団にカビが発生したりします。万年床にはダニも繁殖しやすく、そんなところに寝ていたら確実に健康を害すでしょう。

そこで、ちょこっとずぼらでは、もっと健康的な新しい万年床を目指すのです。万年床といっても、起きたら掛け布団と敷き布団を裏返しにして、できるだけ窓の近くに置きます。天気がいい日なら、窓を開けて布団に朝日と風を当てると、夜の間に吸い込んだ水分を蒸発させることができます。干す時間は1～2時間程度で十分です。

「布団叩きを使わないと、きれいになった気がしない」と思う人もいるようですが、実は、布団叩きを使うと中綿切れを起こしたり、表面の布地を傷めて布団の寿命を縮めることになります。とくに、羽毛布団を叩くとダメージが大きいため、このように朝日と風を当てるだけで十分です。

ずいぶんと〝ずぼら〟に思えますが、起きてすぐ布団を押し入れにしまうのは、湿気を含んだまま夜も使うことになりますから、こちらの方がよほど不健康です。

しばらく乾燥させた布団は、畳んで部屋の隅に置いておきましょう。素敵な布をかければ、よりかかって読書をしたり、テレビを見ることもできますから、余計な家具を買う必要もなくなります。

部屋に日が差さない、雪が積もるので窓が開けられないという場合は、布団乾燥機を使うことをおすすめします。一回当たり10円前後しかかかりませんし、ダニ対策にもなるので、これも賢い〝ちょこっとずぼら〟ですね。

ちょっとのことで疲れる自分を許そう

「ああ、疲れた」

ふと、こんな言葉が口から出ていたり、大きなため息をついていることがあります。それに気づいて自己嫌悪に陥ったり、「もっと、がんばれ！」と、自分自身を鼓舞《こぶ》する人もいるでしょう。

でも、年齢とともに体力や気力が衰えるのは当然のことです。認めたくはないでしょうが、若い頃よりも体は早く音を上げますし、集中力も続きません。だから、自己嫌悪なんて感じる必要はないのです。

「歳をとれば疲れるのはあたりまえ。これ以上、がんばる必要はない」

と、自分を許してあげられるようになりましょう。

そもそも、心身ともに疲れた状態で仕事や作業を続けても、思っているほどの成果はあがらず、ますますイライラするばかりです。

疲れを感じたときの正しい対応は、休みをとることにつきます。人間だって機械だって、ずっと動き続けるのは不可能です。そんなことをすれば寿命が縮まります。だから、ゆっくり休んで体力と気力を養えばいいのです。大晦日に蕎麦《そば》を食す理由をご存知ですね。そう、「細く長く」生きられることを願うのです。「太く長く」ではないのですから、無理にがんばる必要はありません。

嫌なことや落ち込むことがあったときも同じです。仕事をしているときなら「なにくそっ！」と、気力を振り絞って跳ね返さなければなりませんでしたが、シニアになったら、そこまでがんばる必要はありません。

だから、嫌なことは忘れてソファに寝転び、ビデオを見たり、本を読んだりして過ごしましょう。自分のなかのリセットボタンを押して、今日一日を強制終了してしまうのもいいでしょう。その日は何もしないで早く寝てしまうのです。

無理してがんばらなくても、こうしてのんびり過ごしていれば、体力と気力は回復してきますから、自然と気持ちも楽になってくるはずです。

寝つきの悪さ、夜中の目覚めを気にしすぎない

私のところには「最近、よく眠れないんです」「朝早く目が覚めてしまい、困っています」など、睡眠に関する悩みを抱えている患者さんがよくいらっしゃいます。日本人の不眠症有症率は2割以上に達するというデータもあります。

その人たちに「何時間くらい眠れていますか」と尋ねると、「5〜6時間くらい」という答えが返ってくることがよくあります。

実は、高齢になればなるほど必要な睡眠時間は短くなり、60〜69歳の場合は6時間ちょっと、70歳を超えたら6時間以下でも一般的だといいます。これに加え、「若い頃の睡眠時間を望むなんて、ないものねだり」「長く睡眠をとったからといって健康になるわけではない」といった厳しい言葉もあります。

私はこれほどキツくは考えませんが「5〜6時間眠れているなら、まったく問

題ありませんよ」と話しても、患者さんは怪訝《けげん》な表情を浮かべるんですね。おそらく「この先生じゃ、私の悩みを理解してくれない」と思ったのでしょう。

睡眠時間が足りているかどうか、それを判断するのは簡単です。昼間に強い眠気をもよおして生活に支障が出ているかどうか考えてみてください。もちろん、食事の後に眠ってしまったというのは、これに含まれません。

生活に支障が出ていないようなら、睡眠時間は足りていると判断していいでしょう。

眠れていない感覚があっても、実際にはぐっすり眠れているということはよくあります。私が研修医のときにも「何日も眠っていないので、このままでは死んでしまう」と必死に訴える患者さんがいました。そこで脳波計を付けて一晩入院してもらったところ、実際には熟睡していたのです。

ところが、そのことを患者さんに伝えたら、「何を言っているんですか！　昨夜も一睡もできませんでしたよ」と怒られてしまったのでした。

実は、心地よい眠りを得るために最もいけないのは、「眠れない」とか「眠らなければ」と考えすぎることです。とくに「なんとかして眠らないと」と、がんばりすぎると、脳を興奮させて、ますます眠りにつきにくくなります。

「そんなときは寝酒を飲むにかぎる」という人もいますが、アルコールの力を借りて眠くなっても、しばらくすると目が覚めやすくなるので、おすすめできません。

こんなときは「眠れなくて死んだ人はいない」「そのうち眠れるだろう」のように、ちょこっとずぼらに考えるのがいいようです。

それでも納得できない人のために、イギリスの睡眠に関する研究結果を紹介しておきましょう。

この研究によると、睡眠時間が8時間以上の人は7時間睡眠の人よりも明らかに記憶力と意思決定能力が低下し、睡眠時間が9時間以上になると脳の老化が進んで実年齢より7歳以上老けてしまうとわかったのです。

つまり、寝ることばかりを真面目に考えていると、自分が望んでいるのと逆の結果が出るということです。どうか気をつけてください。

眠れないことを楽しんでしまおう

眠れないときにいちばんいけないのは、「眠らなければ」と必死になることや、眠れないことを気にしすぎることです。

そこで、問診で深刻な不眠症ではないと判断できた人に対しては、「眠れないことを楽しんでみてはいかがですか」と、ちょこっとずぼらに考えてみるようにアドバイスしています。

布団に入ってから30分しても眠れないようなら、さっと起きてトイレへ行ったり、水を飲みましょう。後に詳しく触れますが、就寝前に飲む１杯の水は脳梗塞の予防にもなりますから。

また、寝る前に好きな趣味に没頭したり、本や雑誌などを読むのもいいでしょう。家の中はしんと静まりかえっているでしょうから、一人で楽しむには最適の環境です。ただし、テレビやパソコン、スマホなどは、画面の明るさが脳を覚醒させてしまうので使わないこと。

やっていることに飽きたら、また布団に入ります。それでもやはり眠れないなら、朝まで起きていればいいだけ。

こうして一睡もせずに朝を迎えると、その日は眠くて仕方がないはずです。眠気を感じない場合も、疲労物質は確実に脳内に溜まっていますから、その夜はぐっすり眠れるはずです。

荒療治と思われるかもしれませんが、これはれっきとした心理学を応用した治療法です。不眠というのは、眠るのに失敗した体験が続いた結果、起きることが多いため、こうして「眠れなくても失敗ではない」と記憶を書き換えるわけです。

ちなみに、ギネスブックに掲載されている断眠（自ら眠らないようにがんばった）の世界記録は、264時間12分。日数にして11日を超えます。この記録を達成したガードナー君には、何ら後遺症が見られなかったといいますから、1日、2日眠れなくても死ぬことはない――こう考えることも、不眠によく効きますよ。

そのウォーキングじゃもったいない

健康のために近くの公園でウォーキングをしていた男性が、ある日、ちょっとした違和感を覚えました。はっきりした体の異変ではなく、「気づき」に近いものだったそうです。

きっかけは、ウォーキングしている多くの人が、わき目もふらず、ただただまっすぐ前を向いて歩いているのに気づいたこと。一見、颯爽《さっそう》としているようですが、まるで修行僧のように見えたのです。そのときに、「なんだか、もったいない」と思ったそうです。

公園には季節の移り変わりを教えてくれる花も咲いていますし、春先には新芽が芽吹き、夏が近づくにつれて、青さを増すとともに生い茂っていく葉もあります。秋になれば色づく葉があり、そうした様子は何度見ても飽きません。

「ウォーキングには、早足で歩く、一定の速度を保つなど、健康法としてのルールや効果的な歩き方がある。でも、それが体にいいとしても、心にとってはどうなんだろうか」

そんなことを考えてからは、体の健康と同様に心も健康になるようにと、目も使うウォーキングをしているそうです。

精神科医であると同時に、エッセイストとしても活躍され、「モタさん」の愛称で知られる故・斎藤茂太《さいとうしげた》氏は、毎朝、自宅から病院まで歩いて通っていました。しかも、まっすぐ歩けば15分ぐらいの道のりなのに、ちょっと遠まわりして、近くの小さな山を越えて1時間ほど歩くのが通勤ルートだったそうです。

その当時、かなりの高齢だったこともあり、遠まわりするのは気が重いと感じることもあったようですが、この日課を楽しみに変える秘策を見つけていたのです。それが定点観測でした。

小さな山道に、ちょっと気になった木を見つけた茂太氏は、毎朝、その木のところで立ちどまり、木を見上げてみたり、枝や幹に触れてみたりしたそうです。

「木の成長が日々刻々ということはないだろう」という声も聞こえてきそうですが、どうしてどうして、毎日わずかな変化はあるとか。固い新芽が、翌日には少しやわらぎを見せて、さらにその翌日には少し開きかけていたりすることもあるのです。

茂太氏は、「たくましく生きているその様子に、何度、元気をもらったかわからない」と語っています。

健康づくりは、ただ体力をアップさせるのではなく、心にも潤《うるお》いやゆとりを与えるということでしょう。

そういえば、知り合いから、こんな話を聞きました。

突然に脳梗塞の発作に襲われた、一人暮らしのシニアがいました。幸いにして軽度でしたが、後遺症のために片足が少し不自由になったそうです。

リハビリを続けていたある日、ホノルルマラソンで「レースデーウォーク」というものがあることを知りました。ハワイの景色を眺めながら、10キロの道を歩くというものです。彼はそれに参加することを目標にし、リハビリに取り組みました。

同じリハビリをするのでも、こうした目標があると励みになるもので、「これはホノルルへの一歩だ」と考えると、苦しいはずのリハビリも、なんだか楽しいものに思えてきたといいます。

そして3年後、初めて憧れのハワイに降り立ち、10キロの道のりをみごとに「完走」ならぬ「完歩」したそうです。

あせるな、駆けるな。思うほど足は動かない

歳を重ねると、足の運びが遅くなります。とくに膝《ひざ》に故障があったり、足首を悪くしていたりすれば、なおさらです。

そうしたトラブルを抱えていなくても、シニアになれば筋力は衰えますから、若い頃のような歩き方はできません。ましてや、重い荷物を抱えているときなどは、よろよろ歩くようになります。

ところが、発車ベルが鳴っているのに、電車に駆け込んで乗ろうとする人や、信号が青から赤に変わりかけているのに、あわてて横断歩道を渡ろうとする人をよく見かけるのです。

先日も電車に乗っているとき、駆け込み乗車をした年配女性がいました。ホームを走って電車に飛び乗ったのですが、車内の人はひどく心配そうに見ていまし

た。

大都市周辺の電車であれば、数分あるいは十数分ほど待てば、次の電車が来ます。横断歩道にしても、信号が次の青になるまで待っても、それほど時間がかかるわけではありません。

それなのに、「あせって電車に乗ろうとして骨折した」「横断歩道を渡り切れずに、転んでケガをして、治るのに5か月もかかった」などという話を聞きます。数分の短縮のために、何か月も不自由な思いをすることになるなんて、ばかばかしいではありませんか。

年齢を重ねると、「自分が思っているほど足が動かない」→「よろけて転ぶ」→「骨折」となりがちです。自分は若いつもりでも、体は悲鳴をあげているのです。「無理は禁物」と心得ましょう。

第２章
わがままライフはこんなに楽しい

思ったことは素直に口にする

この本の最初で「日本人の平均寿命は80歳を超えた」といいましたが、このなかには寝たきりや認知症の人もたくさん含まれています。つまり、65歳で退職したあとの15年間を思う存分楽しめる、という意味ではないのです。

何年楽しめるのかを知るためには、健康寿命という指標に注目しなければなりません。健康寿命とは、健康の問題がなく日常生活を普通に送れる年齢のことで、男性が71・19歳、女性が74・21歳だそうです。

65歳で退職した男性なら6年ちょっと、女性でも9年ほどということ。もはや待ったなしですから、我慢をする毎日からは卒業して、「○○がやりたい!」と素直に口に出してもいいのではないかと思います。

オーストラリアの看護師ブロニー・ウェアさんの本『死ぬ瞬間の5つの後悔』

（新潮社）によると、人が死に瀕《ひん》して最も後悔するのは、「他人が自分に期待するような生き方ではなく、私自身に素直に生きられなかったこと」だったそうです。

こんな後悔をしたくないなら、なんと言われようと、やりたいことをやっておくのがいいでしょう。一例をあげれば、もっと勉強したかったと思っている人はたくさんいるはずです。でも、幸いなことに、勉強するのに遅すぎることなどありません。たとえば、デンマークの大学には96歳の新入生がいるそうですよ。

近くに通える大学がないなら、放送大学を利用するという手があります。ちなみに、放送大学の最高齢卒業生は99歳の加藤榮《かとうさかえ》さんだそうです。

冒険家の三浦雄一郎《みうらゆういちろう》さんが80歳でエベレストに登頂したのは有名な話ですし、60歳代以上でエベレスト登頂を成功した人や、登頂を目指している人もたくさんいます。

また、健康によいと同時に激しい運動量で知られる水泳競技でも、75〜79歳の登録者数は一千名以上に達しているそうですから、何を目指そうが、「恥ずかしい」なんて思うことはないのです。

「やりたいこと」をリストアップする

前項で、「〇〇がやりたい！　と素直に口に出していい」と話しましたが、残念ながらシニアのなかには「やりたいことが見つからない」という人も多くいます。

私の患者さんの口からもよく聞く言葉なので分析してみたところ、「何もやりたくない」という無気力とはちょっと違い、「リスクを考えると、絶対にやりたいとまでは言えない」という慎重な考え方のようでした。

「老成《ろうせい》持重《じちょう》」という言葉があります。人は経験を積むことで物事を冷静に判断できるようになります。その結果、このような慎重さが生まれたと理解できます。

しかし、慎重でありすぎると、本当に何もしないまま人生の終末を迎え、後悔するのではないでしょうか。

それでも、やはり何も見つからないという人は、真面目に考えすぎているのかもしれません。そんなにがんばって考えなくていいんです。リスクや実現にかかる金額を深く考えすぎたり、結果がどうなるかをあまり追い求めず、ちょこっとずぼらになって、自分が気になることを思い起こしてみましょう。

頭の中だけで考えていると、また「やっぱり難しいな」「時間がない」という慎重な思いが湧いてくるでしょうから、メモ帳やノートに頭に浮かんだ「やりたいこと」を、とにかく書き出していきましょう。

最初は「部屋の衣替えをしたい」や「髪形を変えたい」という身近なことしか思い浮かばないかもしれませんが、イメージというのはどんどんふくらんでいくもの。そのうちに「楽器に挑戦してみたい」「マイカーで日本一周をしてみたい」「地域でボランティア活動をしたい」といった、「本当にやりたい」と思えることが出てくるはずです。

歳をとったらやりたいことがなくなるということはありません。ただ、心の奥底にしまいこんでしまっただけ。それらをリストアップすれば、健康で長生きするための動機づけにもなるはずです。

老後こそ、あれこれ趣味をもとう

定年後の時間の使い方に悩む人は本当に多いようです。これまで真面目に仕事一筋で生きてきた人ほど、突然の自由な時間に戸惑ってしまいます。

暇になってしまった定年後の膨大な時間、そして残りの人生を考えると、もし趣味のひとつもなかったら、退屈で耐えきれないのではないでしょうか。

好きなこと、やりたいことを若いうちから持っている人、定年前から心に決めている人は、定年後の自由時間の長さを聞いて、「自分の好きにできる時間がそんなにあるのか！」と喜ばれると思います。

ただ、もし趣味がひとつだけというのなら、それはそれで困ったことになる場合があるのです。

なぜなら、好きなことだからといって、自分の時間をひとつのことに集中すぎると、まわりが見えなくなる恐れがあるからです。どんなに好きでも、リタイア後は少しゆとりをもって楽しむようにするのがいいです。

いちばんわかりやすい例は、スポーツの趣味でしょうか。

Aさんはゴルフが大好きです。しかし現役のときは、ゴルフといえば接待ゴルフで、気を遣うばかりでした。心から楽しめるのは、かぎられた日だけという状態だったので、「定年後はゴルフ三昧の日々を送るぞ」と決めていました。

やがて現役時代の不満を解消しようとしてか、毎日朝からゴルフの練習場に通って何百発も打ち、平日にもコースに出かけて楽しみました。少しくらい体調が悪くても、クラブを持てば、そんな気分などすぐに吹っ飛んでしまいます。

こうして、しばらくは楽しい日々が続いていたのですが、悲しいことに体の衰えは隠せないもので、はやる気持ちが裏目に出たのか、腰と肩を痛めてしまいました。泣く泣くゴルフはしばらくお休みということに。

ゴルフはできないものの、日常生活に支障があるわけではありません。しかしAさんの場合は他にやることが見つからず、家でゴロゴロするだけで、そのうち奥さんにも煙たがられるようになったのでした。

こんな例は、よく耳にしますね。Aさんが自分の好きなことに一生懸命になった気持ちはよくわかります。でも自分の体調や適切なペースも省《かえり》みないでがんばりすぎては、結局困るのは自分ですし、まわりにも迷惑をかけます。老後の趣味は、気長にボチボチ楽しむことが大切なのではないでしょうか。

また同じような例で、スポーツジムに毎日通って張り切りすぎたせいで、足を痛めてしまい、気づいたら疲労骨折していたというケースもあります。

現役時代は仕事が第一で、自分の好きなことが十分にできなかったと思うかもしれませんが、逆に考えれば、仕事のおかげで自分の趣味も適度にセーブできていたともいえますね。

そして、ひとつの趣味ではなく、自分の好きなことをたくさんもっているほうが、いざというときにも代替《だいたい》がきいて、より楽しく豊かな生活を送れるのです。

できれば「静」と「動」、つまり体を動かさないこと、体を動かすこと、一人でできるもの、多人数でやるものといった、それぞれ補完し合える趣味を複数もっていればベストでしょう。

先ほどのAさんも、体の調子の悪いときには室内でできる何かがあればよかったのです。読書のように一人でできるもの、人恋しいときは囲碁やカラオケなど複数で行うものを趣味のレパートリーに入れておけば、気持ちが楽だったでしょう。

またリタイア後の趣味は、ひたすらその道を極めるとか、競争心をむき出しにして他人と勝ち負けを争うようなものは、あまりおすすめできません。

たしかに向上心は必要ですが、行き過ぎはダメ。もうリタイアしたのですから現役時代と同じような「仕事の論理」を持ち込む必要などないでしょう。

老後の趣味は、好きなことを好きなように楽しむのが鉄則です。

そのためには成果・成功・栄誉・勝ち負けにこだわらず、他人とも比較をしないで、あくまで好きだから楽しむという姿勢が大切です。

今できることに競争心を燃やすよりも、今までやったことのないものにチャレンジする好奇心を維持するほうが、人生を若々しく過ごす秘訣《ひけつ》といえそうですね。

条件付きだが、心のおもむくままに行動してもいい

さしたる理由もないのに「今日はお酒が飲みたい」とか「無性に体を動かしたくなった」と感じることがあります。でも、「さしたる理由もない」というのは誤りで、実は自分でも気づかないうちに何らかのストレスにさらされていたりして、その解消を求めているのです。

これは、人間に備わる「自己防衛本能」という心理によるもので、限界が近づくと発動する、いわば心のサーモスタット（温度調整装置）と考えてください。

ところが、シニアのなかには「欲するままに行動するのはよくない」と考えたり、「お金がもったいない」という理由で、我慢してしまう人が多いようです。

たしかに、アルコール依存症の人が「お酒を飲みたい」と思っても飲むべきではないでしょう。公序良俗に反することも我慢するのは当然です。

しかし、それ以外のこと――たとえば、「体を動かしたい」とか「○○が食べたい」「どこか遠くへ行ってみたい」ということなら、心の限界が近づいているわけですから、ちょこっとずぼらになって、その欲求に応じてあげてもいいでしょう。

お金がかかるのは切実な問題ですが、その結果、ストレスがたまってしまったら、体調を崩してもっとお金（治療費）がかかることになりますから、「たまの贅《ぜい》沢《たく》」や「自分へのご褒美」「先行投資」などと考えてもいいのではないでしょうか。

ただし、いくら欲しているといっても、ギャンブルはおすすめできません。ギャンブルで負けると、ストレスがさらに増えるからです。

そもそも、ギャンブルは負ける確率のほうが高いゲームです。還元率（支払金のうち、賞金として払い戻される割合）を見てみると、最大でもパチンコの85％で、競馬は74％、宝くじは45％という低率です。つまり、最初から負けるとわかっているわけで、これではお金を使ってストレスを増やしているようなもの。

「君子危うきに近寄らず」といいますが、シニアにとって、この「危うき」はギャンブルだと考えてください。

自由時間を作るのが熟年カップル円満の秘訣です

先日、ちょっとショッキングな論文を読んでしまいました。

認知症になった場合でも、夫は奥さんの顔や名前をなかなか忘れませんが、奥さんは真っ先に夫の顔や名前を忘れるというのです。

熟年夫婦の考え方の違いについては、今までにもいろいろなデータが出ています。たとえば、団塊《だんかい》世代の夫の85%以上は「定年を楽しみにしていた」と答えていますが、妻は40%近くが「夫が定年になるのが憂うつ」だと訴えています。

今まで会社に行っていた夫が四六時中家にいることに妻がストレスを感じ、その結果、うつ病やノイローゼになってしまうケースも少なくありません。

これは「主人在宅ストレス症候群」というれっきとした心の病なのですが、夫は妻がこれほどのストレスを感じていることにほとんど気づいていません。

熟年離婚は増加傾向だそうですが、この主人在宅ストレス症候群は、その最大の原因ではないかと思われます。

もし、夫が家を空ける時間があれば、奥さんも息抜きができるはずです。これをさらに拡大して、週に一度は「夫婦の休日」を作ってみてはどうでしょうか。

この日は、お互いに完全に自由行動をしていいことにします。もちろん、家事をする必要もありませんし、食事も別々に友だちとでもする約束にします。早い話が、奥さんにもちょこっとずぼらを実践してもらおうというわけです。

がんばらずにすむ日を作れば、相手の束縛を感じずにいられますから、奥さんもストレスを発散できるはずです。

もちろん、あえて別行動をとる必要はありません。相手と離れなければいけないと考えると、それもまたストレスになりますから、気が向いたら二人で過ごしてみるのもいいでしょう。

どこか外で待ち合わせなどすると、恋人時代のドキドキ感がよみがえるかもしれませんよ。

ちょっとの物忘れでクヨクヨしない

「あれです、あれ」

「え〜っと、それ、なんて言いましたっけ?」

シニアの患者さんに問診していると、このような答えが返ってくることがよくあります。いわゆる「こそあど言葉」というもので、固有名詞を忘れたときに使うと、なんとなく話が通じてしまう、とても便利な言葉です。

私も、相手の言いたいことはそれとなくわかるのですが、あえてわからないふりをして、「あれって何ですか?」「それと言われましても……」と聞き返すことにしています。

もちろん、意地悪でやっているわけではありませんよ。その人の脳を活性化させようとして、〝心を鬼にして〟やっているのです。

でも、これをあまりやりすぎると、「最近、物忘れがひどくなって……。もう歳ってことなんでしょうね」と落ち込んでしまう人もいます。

そんなときは「でも、生活をするうえで困ったことはありませんよね？」と、聞くことにしています。

すると、あれこれ思い返しながら「たしかにそうですが」と答える人がほとんどのため、「それなら、心配することなどありませんよ」とお伝えしています。

そもそも、人の記憶力というのは思っているほど立派なものではありません。ある研究によると、健康な人でも覚えたことの42％をわずか20分で忘れてしまうそうです。この後も記憶はどんどん消えて、24時間後には74％、そして１週間後には77％も忘れてしまうといいます。

なかには、過去をすべて覚えているという人（ハイパーサイメシア＝超記憶症候群）もいますが、全世界でわずか20人ほどしか存在しません。

つまり、ほとんどの人の脳は忘れっぽくできているというわけ。これに加え、加齢とともに記憶力は低下していきますから、１週間前のことを２割しか覚えていなくても、「物忘れがひどい」と悲観することはないのです。

最近は、「物忘れがひどくなって、認知症の前触れではないかと不安なんです」と言って来院するシニアが増えていますが、このような心配もあまり必要はないとお伝えしています。

なぜなら「物忘れがひどくなった」と自覚している時点で、認知症ではない可能性が高いからです。認知症の人は、「物忘れをした」ではなく、「あなたが言っていることは（絶対に）起きていない」という反応を見せるのが一般的です。

それでも物忘れをもう少し改善したいという人もいるでしょう。そんな人には「身近に辞書を置いておくといいですよ」とアドバイスしています。

手持無沙汰のときに辞書を手に取ってパラパラめくれば、必ずひとつやふたつは意味を忘れていた単語を見つけるはずですし、このような、ちょこっとずぼらな「勉強」が、衰えた記憶力を復活させてくれるのです。

世の中にはさまざまな「脳トレ法」がありますが、忘れるのは自然なことですから、あまりがんばらず、この程度のトレーニングでいいと思います。

忘れられるのは、老人の大きな力です

「最近、物忘れがひどくて、ミスが多い」

そう言う人のなかには、やってしまったミスをいつまでも忘れられず、すっかり落ち込んでしまう人がいます。

「また失敗してしまった」「余計なことを話してしまった」「どうして、あんなことをしちゃったんだろう」などと、何度も思い返して後悔しているわけです。

しかも、「こんなことで失敗するなんて、歳をとったからだな」「やっぱり歳をとると情けない」などと思い、ますます自己嫌悪に陥ったりします。

大切なことを忘れてしまうのは、もちろん困ることが多いでしょう。でも、小さなミスなら、むしろ忘れてしまったほうがいいと思います。

相手を傷つけるようなことを口にしてしまったと思ったとき、相手が本気で怒ったら、その場で何か言ってくるはず。もし、そのまま話が流れているなら、相手はあまり気にしていないのかも。それなら、蒸し返すこともないでしょう。

作家の赤瀬川原平《あかせがわげんぺい》さんは「老人力」という言葉を使いました。これまで老人のマイナス面と考えられてきたことをプラスに評価したのです。物忘れや世迷言《よまいごと》、ため息などが頻発するようであれば、それは、「老人力が身についてきた」ということです。

もちろん、「まだ老人ではない」「自分は若い頃と変わらずにいたい」と憤慨する人もいるでしょうが、「老人力」という力を認めると、ふと力が抜けて、世の中が変わって見えるのではないでしょうか。

まわりの人に心遣いのできない人がいますが、そうした人を「無神経な人だ」と思わず、「鈍感力のある人」とプラスに評価して呼んでみると、ちょっと印象が変わりますね。それと同じです。

失敗を忘れられず、クヨクヨして落ち込んでいても始まりません。すぐに謝ってしまうか、でなければ忘れてしまうのが、頭がいい方法ではないでしょうか。

規則正しい食事にこだわらない

休日にときどき旅行するのですが、そのときにいつも不思議に思うことがあります。それは、12時になると急にレストランや食堂が混雑することです。

ほとんどのレストランや食堂は、午前11時くらいから午後2時くらいまでは開いているわけですから、時間をズラして行ったほうがゆっくり食べられるだろうに……と思ってしまうのです。

でも、知人のGさん（66歳）にこの話をしたら、「そんなに簡単なことではないんですよね」と言われてしまいました。

「朝6時半に起きて7時に朝食をとって出社。だから、今でも12時になると、あまりお腹は空いてなくても『昼食を摂らなければ』という気持ちになり、いてもたってもいられなくなるんです」

Gさんの話を聞いて、習慣というのは恐ろしいものだと改めて思ったのと同時に、シニアになったらなおさら、12時に昼食を摂るようにがんばらなくてもいいのにという気持ちを強く持ちました。

ポイントは、「あまりお腹は空いてなくても」という言葉です。繰り返しになりますが、加齢とともに基礎代謝量は減少していきます。さらに、退職後は運動量も少なくなりますから、「現役時代は12時にお腹が空いていたが、最近はまだ大丈夫」ということが起きるのです。

この状態で無理に食事をすれば、胃腸に負担をかけますし、カロリーも摂りすぎることになります。これに加え、最近の研究で、空腹時には成長ホルモンが分泌されやすくなることがわかってきました。成長ホルモンは肌や内臓、脳の若さを保つために欠かせない物質ですから、空腹を感じることはとても大切なのです。

染みついた習慣を変えるのは大変かもしれませんが、健康のためにも、もう少しずぼらになって「お腹が空いたら食べる」生活スタイルにしてはどうでしょうか。

シニアが作るなら簡単料理でもいい

大阪ガスが、東北大学未来科学共同研究センターの川島隆太《かわしまりゅうた》教授と共同で実験したところ、「メニューを考える」「切る」「炒《いた》める」「盛りつける」など、料理をする際に欠かせないプロセスでは、脳がとても活発に動くことがわかったそうです。

なかなかユニークな実験だと思いますが、もしかすると女性が男性に比べて元気で長生きする理由も、毎日料理をする人が多いからかもしれないと思ってしまいました。

だからといって、今まで菜箸《さいばし》すら持ったことのない男性シニアに、いきなり「いつまでも元気で長生きするために料理をしましょう」とすすめても、ちょっと酷ですね。

そこでおすすめしたいのが、調味料がパックに入っていて、それを具材とからませるだけで美味しい料理ができるという「メニュー提案型合わせ調味料」の利用です。

味の素からは「クックドゥ」、キッコーマンからは「うちのごはん」、永谷園からは「そうざいの素」などの名称で販売されていて、スーパーへ行けば見つかるはずです。

少し前に「このようなメニュー提案型合わせ調味料を使うのは手抜き」「いや、本格的な味が楽しめるのだから、いいじゃないか」「向上心がない証拠だ」などといった、いわゆる「クックドゥ論争」がネット上で繰り広げられたことがあります。でも、今まで料理をしたことがないシニア男性が作るのなら、これくらいの「ちょこっとずぼら」は許してもらいたいと思います。

しかも、このメニュー提案型合わせ調味料には、ほとんど具材が入っていないので、野菜や肉、魚介類、豆腐などは自分で用意して包丁で形を整えなければなりませんし、炒める、盛りつけるも自分の仕事です。つまり、十分に脳は活性化されるのです。

料理に厳しい人は「いちばん肝心なのは味付けなのに」と言うでしょうが、美味しい料理ができるうえに、「老後を元気に過ごす」という目標に近づけるわけです。

そして、このような便利な商品は、もちろん、男性シニアだけでなく、女性にも利用してほしいと思います。とくに忙しいときや疲れているときなどは無理をせず、「今日はちょっと簡単に」と、ササッと料理を作ってしまうほうが、よほど健康的ですね。

手抜きでも味噌汁なら栄養度アップ

現代人にとって、コンビニは強い味方になっています。すぐ近くにスーパーや個人商店があるという人でも、「いちばん近いのはコンビニだから、買い物はそこですませる。ついでに、公共料金の支払いや利用料の振込みもできるし……」という人も多いようです。

しかも、最近のコンビニは、スーパーの総菜コーナーも顔負けの、すごいラインナップです。

たいていのおかずがそろっていて、肉じゃが、きんぴらごぼうなど、懐かしい「おふくろの味」から、サラダや焼き鳥のような「おつまみ」にもなるもの、さらには、グラタンやクリームコロッケなど「たまには食べたいけれど一人分を作るには手間がかかるなと考えてしまうもの」まで、ズラリと並んでいます。

店によっては、老舗《しにせ》の逸品やホテルメイドの美味まで扱っています。さすがに値段は高めですが、たまにはプチ贅沢を楽しむのもいいことです。

とはいえ、コストパフォーマンスからすると「ちょっと……」とためらってしまいそうなのが「味噌汁」かもしれません。使い捨ての容器に入っているので、食後に食器を洗う手間は省けますが、それにしても、やはり値段は高めです。

そこで、ちょこっとずぼらにしたいときでも、味噌汁だけは手作りにしてみませんか。汁物が一品あると、ちゃんとしたご飯という感じになります。一汁一菜とは、よくいったものです。

味噌汁を作るのは、しかもたった一人分を作るのは面倒と思う人も多いかもしれません。ダシをとって、具に火を通し、味噌を溶き入れる……というのが、けっこうな手間に思えてしまうのでしょう。

しかし、小さな鍋に水を入れ、ダシの素をパラリ。そこに冷蔵庫に残っていた野菜類を切り刻んで放り込み、火を通すだけでできたようなものです。

残り野菜もムダなく食べられますし、ジャガイモやサトイモなどのイモ類、ニンジン、ダイコン、カブなどの根菜類が入っていれば、それだけでけっこう食べごたえのあるおかずになります。

味噌を溶き入れるときも、味噌こしを使うことはありません。スプーンで適当な量をとり、箸の先でかき混ぜれば溶けます。

知り合いの女性は、料理で余った野菜があると、その場でトントンと刻み、素材ごとにラップに包んでファスナー付きのポリ袋に入れています。味噌汁の具として利用するわけですが、ダイコン、ニンジン、タマネギ、イモ類……。そのときに食べたい食材を選んだり、組み合わせたりして、ときにはワカメや豆腐や油揚げなどの具も加えて、あっという間に味噌汁を完成させるそうです。

多めに作っておいた味噌汁の残りにご飯を入れて雑炊に仕立てたり、うどん玉を入れて味噌うどんとして食べたりするのもいいでしょう。工夫次第で、少々楽をしても、美味しく食べられるというわけです。

もう勝ち負けにこだわる必要はない

私の知人は74歳で、将棋のアマチュア三段です。アマチュアというと、ちょっと軽く見られがちですが、実際には、素人と将棋を打ったらまず負けないというレベルです。

「将棋倶楽部などでいろいろな人と対局するのですが、自分は将棋が強いと思い込んでいる人ほど、負けたことに納得しない。だから『もう一番』ということになる。何番やっても結果は同じなんですが、しばらくやって、わざと負けることにしているんです。すると、ご機嫌で帰ってくれますよ」

「わざと」が見抜けない時点で腕の差は歴然なのでしょうが、それよりも私は、彼の「勝ち負けにこだわらない」気持ちに感心しました。

ほとんどの人には、「相手（みんな）の上に立ちたい」という気持ちがあります。

心理学用語でこれを「権力闘争」といい、この気持ちは年齢とともに強くなっていきます。

以前に、たばこのポイ捨てをとがめられた70代の男性が、なんと小学1年生の男の子の首を絞めるという事件が起きましたが、これも「自分のほうが上なのに、立場が逆転しているじゃないか!」という気持ちが動機になってしまったのでしょう。

権力闘争は、年齢や地位が近くても発生します。シニアでいうなら町内会や同好会などが危険です。闘争に敗れると腹を立ててグループを離脱することが多いようですし、勝っても敵を作るだけですから、どちらにしても孤独なシニアになってしまいます。

だから、みんなから好かれたいとまではいかないまでも、孤独にならないためには、権力闘争(勝ち負け)にこだわらないことが大切だと思うのです。

そのためには、相手の意見や気持ちを素直に受け入れること。前出の70代の男性も、「そうだね。ポイ捨てはいけなかったね」と素直に認めていれば、このような大事件にはならなかったでしょう。相手のほうが間違っている場合も食ってかからず、「なるほどね」「そうなんだ」と言って、話を終わらせてしまえばいいのです。

「権力闘争に加わった時点で負け」と考えれば、勝ち負けにこだわらず、大らかな気分でいられるのではないでしょうか。

退職金が少なくてもやりくりできます

退職金で住宅ローンを完済し、残ったお金で余生を過ごす。かつては、これがシニアのライフスタイルの典型でした。しかし、退職金のカットや住宅価格の高《こう》騰《とう》、独立しない子どもの増加などによって、このモデルは崩壊しつつあります。

そのため、退職金を投資で増やして「なんとかしよう」と考える人も多いようです。

私の知人（69歳）も、そんな素人投資家の一人でした。

「かなりの額の退職金をもらえると思っていたのに、実際には2500万円にも満たなかった。そこで、株に投資して増やすことにしたんです。ところが、売れば値上がりするし、あせって買うと値下がりするという裏目の連続。気がついたら口座残額が38万円になっていました。もちろん大反省していますよ」

ちょっと意地悪かなと思いましたが、「住宅ローンの残債はいくらあったの？」と聞いてみると、「２０００万円くらいかな」という答えが返ってきました。

「それなら、投資などしなくても完済できたのに」とは口に出しませんでしたが、どうやら思いは伝わっていたようで、照れくさそうに頭を掻《か》いていました。

冷静に考えてみてください。定年退職を迎えた人のほとんどは、すでに子育てが終わっているはずです。それなら教育費はかからないでしょうし、成人して仕事をしている子がいたら家賃を取り立てていいはずです。

交際費だって現役時代よりはるかに少なくてすむでしょうし、これから新しい家を建てる必要もありません。つまり、たとえ退職金が予想よりかなり少なかったとしても、それをがんばって増やす必要などないということです。

インターネットの掲示板や投資講座では「〇〇〇万円儲かった！」という成功談ばかり目や耳にします。だから「私にもできる」「やらないと取り残される」と思い込んでしまうのでしょうが、人は成功した話だけを語りたがるものです。「損をした」という失敗談ではみんなに自慢できませんから、成功談ばかりが流布《るふ》するというわけです。

だから、「〇〇〇万円儲けた！」という成功談を見聞きしたら、その金額の2〜3倍は今までに損をしていると考えるべきです。ちなみに、これはパチンコや競馬でも同じことです。

これに加え、最近は「老後には〇〇〇〇万円必要」というように、老後生活の不安をあおるような言葉をよく目にするようになりました。でも、あせる必要はありません。たしかにお金がたくさんあれば贅沢な老後を送ることができるでしょうが、それで幸せが買えるとはかぎらないのです。

たとえば、知人の場合は「株をやっているときは、1円の動きに一喜一憂して、心臓が痛くなった」と語っていました。言うまでもありませんが、このような生活は心身に大きなストレスを与えます。その結果、寿命が短くなってしまったというのでは、たとえいくら資産を増やすことができても意味がありませんね。

「負け惜しみ」と思われるかもしれませんが、金銭的にもがんばりすぎず、「足るを知る」ことが心豊かな老後を過ごす秘訣ではないでしょうか。

もっと行政サービスを利用しましょうよ

アメリカの文化人類学者ルース・ベネディクトは『菊と刀』に、「日本には『恥の文化』がある」と記しました。日本人の行動規範は、正しいかどうかではなく、恥ずかしいかどうか（世間にどう思われるか）で決まる、という指摘です。

たしかにそう思えることは多く、日本人のなかでもとくにシニアは「行政サービスを利用するのは恥ずかしい」と考える傾向がまだ強いようです。

「年金暮らしになって、贅沢な旅ができなくなりました。それでも旅行はしたいから、最近は、自治体の宿泊施設に泊まるのですが、恥ずかしいからどこに泊まったかは言わないことにしているんです」

先日も72歳のある女性が、こんなことを言ったので驚いたばかりです。でも、使えるものは上手に使えばいいので、「恥ずかしい」などと思うことはありません。

最近、頻繁に「近い将来、シニアの9割が生活困難者になる可能性がある」という恐ろしい話をニュースなどで耳にします。

私は、病気と貧困は似ていると思っています。どちらも進行してからでは回復するのが困難だからです。そして、手遅れにならないために大切なのは、病気は定期検診、貧困の場合は行政サービスを上手に利用することだと思います。

シニアのなかには「施しを受ける必要はない」と言って、行政サービスを敬遠する人がいるようですが、行政サービスは決して「施し」ではなく、自治体が自分たちのために行っているものです。

たとえば、住民が寝たきりになってしまったり、住む家を失ってしまうと、自治体の負担は大きくなります。そのようなことがないよう先手を打って、公共のトレーニングジムやプールを提供したり、さまざまな特例サービスを設けているというわけです。

ちょっと言葉は悪いかもしれませんが、「使わせていただく」のではなく、「使ってあげている」と思えば、拒否反応もなくなるのではないでしょうか。

ただし、「こんなサービスがありますよ」と教えてくれる親切な自治体は少ないので、どのようなサービスがあるのかを自分で調べる必要があります。でも、調べる価値は絶対にあります。

たとえば、光熱費を抑えるために昼間は図書館や公民館で時間を潰しているというシニアがいますが、そんなときは福祉灯油助成制度を利用しましょう。もともとは北海道が１９７４年に設置した福祉制度で、すべての自治体で利用できるわけではありませんが、一世帯あたり５０００円〜１万円程度の助成を受けられる場合もあるため、問い合わせてみる価値はあるはずです。

また、高齢者が家計が苦しいために、毎日使う紙おむつを万引きして逮捕されたニュースもありましたが、紙おむつの給付券を交付している自治体もあります。

これ以外にも、ゴミ出し支援や食事サービス、訪問理美容サービスなど、さまざまな行政サービスがみられます。

「行政の世話にはならない」とがんばりすぎず、もう少し気楽に利用して楽ちんな生活を目指しましょう。

波長の合わない人とつきあうコツ

公私の別なく、多くの人にとってストレスの最大の原因といえば、やはり人間関係ということになるでしょうか。

たとえば、「上司に仕事の相談に行ったところ、そっけない返事しかもらえなかった。自分は嫌われているのかもしれない」と戸惑ったり、違和感を覚えたりすることがあるかもしれません。

最初は「ちょっと歯車が噛み合わない」と感じただけだったとしても、そんなことが何度も重なったり、コミュニケーションがうまくとれないと、仕事に身が入らなくなります。

プライベートでも、たとえばマンションの隣人とのイザコザとなると、簡単に引っ越すわけにもいかず、住み心地のよくない暮らしになってしまいますね。

しかし、波長の合わない人とのつきあい方はあります。

まず、波長が合わないことを受け入れてしまうこと。相手の存在を否定するのではなく、つかず離れずという関係を維持するのです。数学の「平行線」は一定の間隔を保っていて、交差することはありません。まさにこの平行線のように、相手との位置関係を保てばいいだけです。

そして、どうしても接触せざるを得ない場面では、必要最低限に留めておけばいいのです。相手と波長を合わせようとするからストレスが大きくなるので、最初から「この人とは波長が合わない」と思えば気が楽になるはずです。

そうはいっても、なかなか思うようにはいかないという人は、「世の中には自分の価値観とはまったく違う人もいる。しかし、見方を変えれば、自分にはないものを相手が持っているということだ」と考えてみてはどうでしょう。

詩人の金子みすゞさんの詩に「みんな違って、みんないい」と詠《うた》った作品があります。そんな心境になれれば、心に余裕が生まれるというものです。気の持ちようで、波長が合わない相手であっても、つきあうことはできるはずです。

ベタベタした人間関係は敬遠する

人間関係は不思議なもので、知り合ったばかりでも、つきあいの長い友だちのような気やすさを感じさせてくれる人もいますし、何年つきあっても、なかなか波長の合わないという人もいます。親しくなるのに時間がかかる人もいますし、第一印象でいい人だなと思っても、つきあっていくうちに違和感を覚える人もいるでしょう。

なかには、会った瞬間から、質問攻めをしてくる人もいます。

「どちらのご出身？」「どんな仕事をしていたの？」といった、あたりさわりのない話ならともかく、ときとして、「今はおひとり？　旦那さんとは死別されたの？それとも離婚？」「どうしてお子さんと同居していないの？」「何か持病をおもちですか？」といった、「それを初対面で聞きますか？」といったことまで聞いてくる人もいます。こうなると、質問というより尋問に近いでしょうか。

せっかく出会えたのだから、あれも聞きたい、これも知りたいと思う気持ちもわかりますが、実は、矢継ぎ早に質問する人にかぎって、聞いたそばから忘れていることも少なくありません。つまり、「ただおしゃべりが好きな人」というわけで、話の内容に興味があるわけではないのです。

また、こちらが聞いてもいないのに、自分の込み入った事情までペラペラとしゃべり、「自分はこんなに腹を割って話したのだから、あなたも包み隠さず教えてくれるべき」と勘違いしている人もいます。

いずれにしても、シニアが新しい友だちをつくろうというときのポイントは、不用意に相手の事情に深入りしないこと。なぜなら、長い人生を歩んできた道のりには、たとえ親しい相手でも触れてほしくないこともあるはずだからです。そこにいきなり土足で踏み込まれるような思いはしたくないに決まっていますね。

シニアの友だちづきあいの秘訣は、「適度な距離を保ちつつ、細く、長く」です。ベタベタしたつきあいは避けるにかぎります。

美術館、展覧会はのんびり見て回る

先日、近所にお住まいのご夫婦が、ます寿司を持って来てくれました。ます寿司といえば、富山名物ですから、「温泉ですか?」と聞いたところ、意外な答えが返ってきました。

「いえ、それが温泉には一度も入らなかったんですよ。実は、今回の旅行の目的は、開館したばかりの富山県美術館だったんです。市内のビジネスホテルに泊まって、3日連続で通ってきました」

恥ずかしそうに話していましたが、私は「ちょこっとずぼらを実践して、豊かな老後を送っていらっしゃるな」と感心しました。

美術館で美しいものや興味深い芸術品に出会うと、私たちの感性は強く刺激され、脳と気持ちが若返ります。でも、「歩き回って疲れるから行きたくない」と敬遠する人も多いようです。

それは、「せっかく来たんだから、すべての展示物を見ないと損だ」と、がんばりすぎるからだと思います。人間が続けて何かに意識を集中していられるのは30分程度ですし、美術館では歩くか、立ち続けることになりますから、すべてを一度に見ようと思ったら、疲れるのは当然でしょう。

そんながんばりはやめて、２～３日かけてのんびり回るとか、見たい作品だけ見るちょこっとずぼらなスタイルで、好きなものだけに集中すればいいのです。「何日も通えない」というなら、最初は立ち止まらないで展示全体をざっと見て回り、どこにどんな作品があるかをひと通り確かめたら、今度は好きなものだけをじっくり見るというスタイルがおすすめです。こうして、特定の作品に的を絞っておくと、より深く作品を味わえますし、足もさほど疲れません。

人気の美術展のなかには、入場までに数時間待たなければならないものもありますが、平日に行けるというシニアの特権を活用すれば、そんな目にもあわないはずです。

ぶらり、わがままなひとり旅

シニアのなかには、映画『男はつらいよ』の寅さんの生き方に憧れた人もいるのではないでしょうか。気ままな一人旅と、旅先でのマドンナとの出会い、そして、故郷に帰れば温かく迎えてくれる身内。とはいえ、毎度のことながら、騒ぎを起こし、恋に破れ、また一人で旅に出る……。もちろん、映画ですから現実とはかけ離れた世界ですが、それだけに魅力的だったはずです。

マドンナとの出会いはともかく、気ままな一人旅を楽しみたいのであれば「青春18きっぷ」はいかがでしょうか。

「青春18きっぷ」はJRが発売しており、普通列車・快速列車の普通車自由席に、2370円で一日じゅう乗れるという超おトク切符。ただし、購入するのは5回分でワンセット。一人で5回利用してもいいですし、5人までなら複数の人が利用することもできます。

その名からすると、若い人向けのように思われがちですが、利用者の年齢制限はありません。

「基本的に新幹線や特急・急行には乗れない（一部には例外もあります）」「新幹線や特急・急行に乗る場合は、特急・急行券のほかに乗車券が必要」「第3セクターの区間の列車に乗るときには乗車券が必要」など、いくつかの制約はありますが、時間に余裕があるシニアがローカル線を乗り継いでの旅を楽しむにはピッタリの切符です。

この「青春18きっぷの旅」を満喫しているのがTさんです。

和食店の厨房で腕をふるっていた現役時代は、早朝の仕入れに始まり、昼食、さらに深夜の閉店時刻まで、ほとんど休む間もなく働いていました。「結婚するヒマもなかったから」と笑うシングル男性です。

実はTさんは、子どものころからの鉄道ファンでしたが、列車の旅を楽しむ時間もなく、65歳で引退の日を迎えました。仕事を続けるようにすすめられましたが、「体力のあるうちに仕事をやめ、人生を楽しみたい」という気持ちから引退。今は、「青春18きっぷ」で、鉄道の旅を楽しんでいるというわけです。

旅先では、やはり一人旅らしき人を見かけることも少なくないそうで、座席が隣り合わせになれば、しばし旅情報を交わしたり、意気投合すれば、「旅は道連れ」とばかりに同じコースを回るなど、思わぬ出会いを楽しんだりしているとか。

一人旅は、誰に気をつかう必要もなく、人に迷惑さえかけなければ、自分のわがまま放題を貫けますから、最高の旅のスタイルです。

鉄道会社ではさまざまな「おトクなプラン」を用意していますし、旅行社が主催するシニアをターゲットとした格安のツアーも企画されています。しかも「おひとりさま大歓迎!」とうたっているものも少なくありません。

ツアーの内容は人任せのプランになりますが、交通機関や旅館・ホテルの手配などをしてくれますし、添乗員さんが同行するのは、何より安心です。ちょこっとずぼらに旅を楽しめるので、「一人旅なんてしたことがない」と不安に思う人も、気になったツアーがあれば、一度、参加してみてはどうでしょうか。

旅のプランは気ままが楽しい

旅慣れた人の旅行カバンは、必要なものはすべてそろっているのに、まだスペースがあるもの。反対に、スーツケースにあれこれと荷物を詰めこみたがる人もいます。

実は、両者の違いは荷物だけではないのです。旅慣れた人の旅程をみると、目的がはっきりしていて実にシンプル。それに対して、荷物の多い人は、あれこれと予定がぎっしり詰まったスケジュールになっていることが少なくありません。

しかし、過密スケジュールでは、アクシデントがあったときに、どうにもならなくなってしまいますね。

旅行を意味するtravelは、trouble、つまり、いざこざや事故が語源という説もあります。旅行には、トラブルがつきものですから、空き時間も予定に入れておきたいところ。そもそも朝から晩まで、あわただしく観光地めぐりをしていたら、気に入った景色をゆっくり眺めることはできません。面白そうなスポットを偶然見つけたとしても、楽しむ時間の余裕がありません。

スケジュールに追い立てられるように旅をしても、帰宅してから、「ああ、旅行なんて金がかかるし、ただ疲れるだけ。自宅がいちばんいいよ」と、ため息をついたりすることになります。

「旅行には、もう懲《こ》りた」という気持ちになってしまったら、残っている人生を楽しむ選択肢をひとつ失うでしょう。

そうならないためには、旅は、あれこれ欲張らずに、「いちばん行きたいところ」を選んで、そこをじっくり楽しむことをおすすめします。カバンにもスケジュールにも、余裕を持たせる旅がいいということです。

ちなみに、ヨーロッパの高齢者たちは、リタイア後にリゾート生活を楽しんでいます。それも何か月も滞在して、くつろぎの時間を満喫しているのですから、「老後の達人」ですね。

旅のお土産はサボってもいい

アメリカの友人と日本の観光地を訪ねたことがあります。たくさんの土産物《みやげもの》を買う日本人を見て、「旅を楽しむより、土産を買うのに必死だね。日本人の旅の目的は、写真と土産を買うこと?・」と不思議そうに聞かれました。

たしかに国内外を問わず、旅先の観光地やホテル、空港、駅などで必死にお土産を買う人の姿を目にします。

もちろん、旅の思い出として、自分の欲しいものを購入したくなることはあるでしょう。しかし、同じお菓子の箱をいくつも買ったりしているのを見ると、それは誰かに配るものとしか考えられません。

お城やお寺、美術館などの見学より、土産物店での時間を優先させる人もいて、「なぜそこまで土産物が大切なんだろう?・」と不思議に思ってしまいます。また、美しい自然や街並みなどをゆっくり見もせず、写真を撮るのに夢中な人もいますね。

結局、日本人が旅先で写真を撮って土産物を買うのは、思い出よりも、その場所に行った証拠を欲しがっているようにも見えます。でも、本来の観光の時間が減ってしまうのは、あまりにももったいないと思いませんか。

老後は手持ちの時間が増えて、仲間が誘い合って旅行をしたり、同好のクラブのツアーなど、旅行の機会も多くなるでしょう。そんなとき、土産物を買うだけの旅になってはつまらないでしょう。そこで、土産物を大量に配るような習慣は、そろそろ終わりにしてもいいと思うのです。

どうしても旅の思い出を伝えたいなら、ちょっと古いようですが、旅先から絵はがきを送ってみてはどうでしょうか。絵はがきを受け取った人は、「旅先で自分を思い出してくれたんだ」と嬉しく思うはずです。

趣味の合わない民芸品やお菓子をもらうより、ずっと気が利いているのではないでしょうか。

頼られるのは嬉しいけど、「家族の犠牲」になってはダメ

最近では、出産して育休をとったのちも仕事を続ける女性が増えています。また一時は仕事を離れても、子どもがある程度の年齢に達すると、アルバイトやパートタイマーとしてふたたび働きに出るという人も珍しくないでしょう。

働きに出る際には、子どもをどこかに預けなくてはなりませんが、日本ではそうした福利厚生がまだまだ充実しておらず、保育園や託児所も数が少ないため簡単には入れませんし、ベビーシッターを頼むにも高額の料金が発生します。さらに、病気の子どもを預かってくれる場所はかなりかぎられており、母親が働く状況はとても厳しいものです。

そんなときに白羽の矢が立つのが、親世代です。孫からすると、おじいちゃん、おばあちゃんですね。

まだ仕事をしていたり、自分で商売をやっている人を除くと、高齢者は時間をもてあましているように見えますし、身内に預ければ安心なうえにお金がかかりません。

「お母さん、今日は夜まで○○ちゃんのことお願いね」「明日から出張なので2日間、面倒を見てほしいんだ」など、子ども夫婦からすればシニア、とくに引退した親に対しては「自分が頼めば、きっと断らない」と信じ切っているように思えます。

さらに「昼間は○○と○○を食べさせて」「お昼寝の時間は○時間にして」「必ず散歩に連れて行って」などの細かい注文も出ます。

これがベビーシッターであれば、ひとつ用事を頼むごとに、追加料金が発生します。つまり働く女性にとって、小さな子どもを遠慮なく預けられる祖父母の存在というのは大変ありがたいものなのです。

高齢者にとっても、家族のために何かできるのは生きがいかもしれません。可愛い孫を預かりながら、息子や娘にも感謝してもらえるなら、両者とも幸せな状態です。

ただし、無理は禁物です。「孫の世話は小さいうちだけ。何年も続くわけじゃないから」と、自分の生活や楽しみを後回しにする人もいますが、自分自身もどんどん歳をとっていくのです。いつまでも元気でいられるとはかぎりませんし、そうこうしているうちに体調を崩し、老後の予定がすっかり狂ってしまうケースも多いのです。

また、「おばあちゃんは子育てのプロ」などといいますが、自分の子どもを育てたころとは体力がまるで違います。「遊んで」とせがんだり、大声をあげて泣いたり、あちこち走り回る孫を追いかけるのがやっとで、疲れて目を離してしまう時間も増えるでしょう。そう考えると、責任をもって子どもを危険から守り切れるといえるでしょうか。

祖父母が「子育てのプロ」というのは間違ってはいませんが、「託児のプロ」ではないことを覚えておいてください。

もちろん、「高齢者は孫を預かるべきではない」などというのではありません。

自分に無理のない範囲で、あくまで「楽しみ」として預かるのなら問題はないでしょう。

逆に、あまり頻繁に預けに来られたり、自分が疲れているときや用事があるときは、スケジュールを子どもに伝え、自分を優先して構わないのです。

祖父母は「孫の応援団」。育児全般に責任をもつ必要はないですし、家族の犠牲になる理由はどこにもありませんよ。

来客があっても気どらずに

人間は本来、怠《なま》け者にできていると思います。他人の目がないと、どんどんだらしなくなるのです。しかし、ここでは、「だらしなくていい」という話をします。

ある男性は、会社員として長く働き、定年退職後、これから悠々自適な生活を楽しもうとした矢先に、奥さんを亡くしました。子どもたちはすでに独立していたので、寂しいけれども気ままな一人暮らしになりました。

それまで家のことは奥さんにまかせっきりで、せいぜい買い物に行ったときに重い物を持つ程度。食事は、朝、トーストを焼き、コーヒーをいれ、ハムエッグを作るくらい。昼も夜も外食かコンビニ弁当ですませるようになりました。

洗濯は全自動の洗濯機で苦になりませんが、洗濯物は干すだけ干して、たたむことはなく、ハンガーに吊ってある服を着るような始末です。

ただ、奥さんを突然失くしたことから、自分自身の健康を考え、毎日、近くの公園に出かけて散策するのを日課のひとつにしていました。

さて、その公園で、同年輩の男性と顔見知りになり、会えば挨拶するようになりました。ある日、その男性とよもやま話をしながら歩いていると、突然の雨。Kさん宅はすぐそこだったので、「雨宿りしませんか」と口まで出かかりましたが、部屋の散らかり具合を思い出し、その男性を招くことができなかったそうです。

その後、例の男性と会ったとき、「家が汚くてね」とわびたところ、「私のところも同じ。むしろ、きれいにしている家には行きにくいものですよ」という返事。相手も一人暮らしだったので、気楽につきあえ、さらに、仲間を連れて訪れてくるほどになったのです。

この男性は、いつのまにか気持ちが上向きになった自分に気がついたそうです。「ちょっとだらだら生活をしているくらいがお互いに気楽なのかも。あのとき、言われてよかった」

と、しみじみ話していました。

占いはいいことだけ信じればいい

雑誌をめくっていると、よく占いのページにぶつかります。また、テレビの情報番組などで「今日の占い」などのコーナーを見ることもあります。それだけ、人気があるということでしょう。

なかには「占いなんてあてにならない」と言う人もいますが、占いに振り回されるのではなく、「いいことだけを信じる」と考えればどうでしょうか。

おみくじを引いて「凶」だったり、酔った勢いで手相を見てもらったら、嫌なことを言われたとしても、そんなときは「占いに信ぴょう性はない」と笑い飛ばしてすぐに忘れ、「大吉」だったり、いいことを言われたときだけ喜んでいればいいのです。

散歩の途中に四つ葉のクローバーを探してみるというのもいいですよ。四つ葉のクローバーの発生率は1万分の1以下だそうなので、見つからなくても「あたりまえ」と思えますし、文字通り〝万が一〟見つけられたら、「いいことがあるに違いない」という幸せな気持ちになれるはずです。

心理学者の浅野《あさの》八郎《はちろう》さんが、こんなことを話しています。

「四つ葉のクローバーは〝幸せのお守り〟といわれていますが、その人に恋や金運を呼ぶ力があるわけではありません。見つけようとした人はわかるでしょうが、野原や草原でも見つけにくい。とても珍しいものなので、〝ラッキーなことが訪れるに違いない〟という気持ちを起こすわけです」

このように、都合のよいことやラッキーなことだけを信じていれば、あなたの〝運気〟は必ずよいほうへ進んでいくはずです。

第3章
がんばらず欲張らず

あれこれ求めなければストレスも減ります

考えてみてください。やる気の原動力になっていたのは何でしょうか。「一番になりたい」「ライバルに負けたくない」という闘争心や、「いい家に住みたい」「尊敬されたい」という物質的・社会的欲求だったという人もけっこういるはずです。

このような、どちらかというと利己《りこ》的な原動力を「外発的モチベーション」といいます。これはとても強い感情のため、その分、やる気も出ます。

一代で財を成した人の口からは、「あのときの失敗や悔しさがあったからこそ今の自分がある」という話をよく聞くのもそのためです。

しかし、「外発的モチベーション」で突っ走ると、周囲に迷惑をかけたり敵を作ることになりがちです。財を成した人がそのような失敗をせずにすんだのは、ある時点で「外発的モチベーション」を、社会に貢献し、お世話になった人に感謝したいという目標から生じる「内発的モチベーション」に転換できたためです。

でも、この転換ができないままシニアになってしまった人も大勢います。まさかみなさんは、近所の人と張り合って、行きたくもない海外旅行へ行ったり、うらやましがられたい一心で無理なローンを組んで高級車を買ったりしていませんよね。もし心当たりがあるとしたら、転換がうまくいっていないということです。

シニアになっても、やりたいことを持ち続けるのは大切ですが、その理由が見栄や闘争心だとしたら、大切な老後資金の無駄使いですし、ストレスもたまる一方です。これこそが「年寄りの冷や水」といえるでしょう。

作家の五木寛之さんは、「生きているだけですばらしい」と語ります。

未だに世界では戦争や紛争が絶えず、着の身着のままで家や国を追われる人がたくさんいます。そういう人たちから見れば、たとえあなたが古い車に乗っていたとしても、着る服があり食べる物があるのですから、夢のような生活でしょう。

だから、何もなく暮らせることの幸せを知ってほしいと思うのです。それができれば、ストレスは今の半分以下にすることができると思います。

自分のやり方を他人に押しつけない

「部長シンドローム」という言葉をご存知でしょうか。

心理学者の高橋博之《たかはしひろゆき》さんが『お一人様シニアに絶対知っておいてほしいアドラー心理学』（清里好文堂）という著書で使っている言葉です。「退職してからも、大会社の役付だったことが忘れられず、なにかにつけ命令したがったり、相手の言うことを馬鹿にしたり拒《こば》む人」を指すそうです。

いかにも「なりたくない」人物像ですが、あなたは大丈夫でしょうか。簡単なテストをしますので、次のうち「その通りだ」と思うものをあげてみてください。
・年齢や性別に関係なく、誰にでも優しくすべきだ。
・何かしてもらったら、感謝すべきだ。
・いったん決めたことは最後までやり遂げるべきだ。

・何かしら社会の役に立つことをすべきだ。

さて、いくつ「その通り」だと思いましたか。

実は、ひとつでも思ったら、「部長シンドローム」の可能性があります。なぜなら「○○すべきだ」という考え方は、第三者に「自分と同じように考えるべきだ」「同じようにやるべきだ」という押しつけだからです。

人は誰でも自分自身のイメージを持っています。これを「自己スキーマ」といいます。たとえば「私はおっちょこちょいだ」と思っている人もいるでしょうし、「私は誰よりも有能で頭がいい」と信じている人もいるでしょう。

この自己スキーマは、自分のことを客観的に分析して相手に伝えたり、自分の行動がもたらす結果を予想するときに利用される大切な考え方です。

しかし、歳を重ねていくにつれ、自己スキーマはどんどん自分に都合のいいほうに傾いていく傾向があります。その結果、「私の言っていることに間違いはない」「相手が間違っている」という考えが強くなり、無意識のうちに「○○すべきだ」という言葉で、自分の価値観を押しつけようとしてしまうのです。

会話が嚙み合わない、話をしているうちに腹が立ってきた、と感じたら、かなり自己スキーマが強くなっています。これ以上、自分の意見を押しつけようとすると、若い人たちからは「うるさいジジイだ」「大きなお世話だから、放っておいて！」と言われ、同年齢の集《つど》いに参加しても煙たがられるでしょう。

そうならないためには、「私は絶対に正しい」とがんばりすぎないことです。深呼吸をして、「私にも間違いはある」「相手の意見を聞こう」という気持ちになってください。明らかに相手の言っていることが間違いだというときも、会社でライバルと出世争いをしているわけではないのですから、鬼の首を取ったような態度をとらず、「なるほど」と、まずは相手の意見を受け入れてあげましょう。

繰り返しになりますが、周囲から敬われるべき人物だと思っているなら、なおさら謙虚な姿勢が大切なのです。

世の中には、自分と違う感じ方・価値観で生きている人が大勢います。これが社会の多様性というものです。それを許容できる柔軟な心を取り戻すため、まずは「〇〇すべき」という言葉を使わないよう心がけてみてはいかがでしょうか。

気持ちを言葉に出せば人生はもっと楽しくなる

「自分のやり方を押しつけない」と話したばかりで恐縮なのですが、自分の気持ちを抑え込みすぎて意見を言わないのもいけません。これはとくに、夫婦や家族などの親しい間柄によく見られるケースです。

ある女性が、いわゆる熟年離婚をしたのは2年前、58歳のときでした。

「夫の洗濯物を干しているときに、ふと思ったんです。『なんでこんなことしているのかしら』って。だって、あたりまえだと思われているんですもの。夫はブラブラしているのだから、手伝ってくれてもいいじゃない。そうでなくても『ありがとう』の一言くらい言ってくれてもいいんじゃないかって。一度そう思い始めたら、すべてのことが嫌になって、『もう、あの人とは一緒には暮らせない』としか考えられなくなりました」

その話を聞いた私も冷や汗が出ました。

実は、同じことを感じている団塊世代の奥さんは多く、「団塊夫婦調査・夫婦関係改善の手立て」（博報堂調べ）によると、50％近くが、「夫から感謝の言葉がほしい」と答えています。

これに対し、ほとんどの男性シニアは「心の中では感謝している」「口に出さないだけ」と言います。たしかに「以心伝心」という言葉もありますが、心の中だけで感謝しているのは、単なる「ずぼら」なのではないでしょうか。

感謝の気持ちだけではなく、嫌な気持ちも心の中に秘めておくのはいけません。なぜなら、嫌な気持ちというのは次第に積み重なっていき、いつかは爆発するためです。

前述の女性のケースもそうだと思います。ほとんどの非は「ありがとう」と言えなかった旦那さんにありますが、「感謝してほしいのにしてくれない」という不満を口に出さなかった彼女にも非はあると思うのです。

以前に紹介した『死ぬ瞬間の5つの後悔』という本にも、「死に直面した人は

『言いたいことははっきりと言えばよかった』と、よく口にしていた」と記されています。

たった一言で、自分と相手の心が通い、それによって人生を楽しく過ごせるようになるのですから、気持ちは素直に口に出すことです。

一日に一度は大笑いしましょう

中国には「一笑一若一怒一老」という言葉があります。これは、「一回笑えばそれだけ若くなるが、一回怒ればそれだけ心や頭が老いてしまう」という意味です。日本にも「笑う門《かど》には福来たる」ということわざがありますが、これらは、ナチュラルキラー（NK）細胞の働きを示唆しているのではないかと思っています。

NK細胞は、人の免疫システムのなかでもとくに重要で、同じ生活をしていても病気にかかる人とかからない人がいるのは、この細胞の働きの違いによるもの。そして、このNK細胞を元気にさせるために欠かせないのが笑顔なのです。

これに加え、笑いには前向きな気持ちになれるドーパミンという脳内物質を増やしてくれたり、心臓病や脳卒中の発症率を低下させる働きもあります。

健康、お金、そして人間関係と、退職後も悩みはたくさんありますから、しかめっ面になるときもあるでしょう。でも、そんな顔をしていると問題は悪化するばかり。だから、無理をしてでも笑いのある生活を心がけてほしいと思います。泣いても笑っても同じ一生です。それなら、健康で元気が出る「笑い」で一生を過ごしたほうが得じゃありませんか。

でも、無理して笑っても効き目はないだろうと思った人が多いのではないでしょうか。いいえ、無理に笑っても十分すぎるほど効き目があるのです。

心理学の世界には「人は悲しいから泣くのではなく、泣くから悲しくなるのだ」という禅問答のような考え方があります。これは、表情や行動が感情を決めるという考え方で「自己知覚理論」と呼ばれます。

つまり、最初は作り笑いでも、笑顔を浮かべていると心はだんだんに楽しくなっていくということ。そうすれば、次第に自然な笑顔を浮かべられるようになるはずです。

加えて、たとえ無理な笑いでも呼吸が深くなるという効果も見逃せません。

歳をとればとるほど体力や体の機能が衰えていくのは自然の成り行きです。この衰えは肺にも及ぶため、体内に取り入れる酸素量は年齢とともに減っていきます。この酸素不足の影響を最も大きく受けるのは、酸素消費量の約20%を占める脳です。つまり、シニアの脳は慢性的な酸素不足状態にあるということです。

これを改善するために効果的なのが、笑うときの呼吸なのです。「アハハハハ」であれ「フン」であれ、たとえ作り笑いだったとしても、笑うと息が口や鼻から出ますね。このときの息の出方は、普段の呼吸よりもはるかに速く多いものです。

多く息を吐けば、その分、息を吸わなければなりませんから、笑えば笑うほど、大量の酸素を体内に取り込むことができます。

笑うのに慣れたら、さらに一歩進んで「一日に一度は大笑いする」ように心がけてみましょう。お腹が痛くなるくらいの大笑いです。

お腹が痛くなるのは、腹筋を限界近くまで使って腹式呼吸をし続けることができた証拠です。これくらいしっかり呼吸すれば、酸素不足でぐったりしていた脳も元気を取り戻すことができます。一日に一度はとびきり面白いお笑い番組を見たり、落語のＣＤなどを聴いて笑う習慣をつけるといいでしょう。

「自分へのご褒美」を忘れない

勤勉さは日本人の特性のひとつといえるでしょう。なかでも、高度経済成長時代を支えてきた現在のシニアの多くは「エコノミック・アニマル」と呼ばれようとも「ワーカホリック」と言われようとも、仕事一筋の人生を送ってきました。しかし、その勤勉さが、ともするとストレスの原因になっているかもしれません。

たとえば、多忙を極めた仕事が一段落し、ようやく休暇をとったものの、同僚や部下が今も働いていると思うと、のんびりしていることを後ろめたく思ってしまいがちなのです。

ひとたび「みんなが働いているのに、自分だけがこんなにしていていいのだろうか」などと考えてしまうと、休暇がストレスになってしまいます。あるいは、自分一人が蚊帳《かや》の外に置かれたように思えるかもしれません。

しかし、周囲の人はどうあれ、「自分は自分」という考え方も必要です。「自分の仕事はひとまず仕上げた。責任を果たした以上、今、休んでいるのは次の仕事のための充電だ」と割り切ったり、「他の人は働いているが、今、自分が休んでも影響はない」と、半ば、開き直りの気持ちを持ったりすればいいのです。そう思えば、不要なストレスでつまらない時間を過ごすことはないでしょう。

さらにいえば、何かで行きづまったときには、そこからいったん離れることも必要です。もちろん逃げ出すのではなく、クールダウンのため。そのことだけで頭の中がいっぱいになっていたら、打開策となるアイデアも浮かばないでしょう。

仕事でも、プライベートでも、その問題から離れ、美術館に行くもよし、映画を観るもよし、ドライブに出かけて自然の景観を眺めるもよし。とにかく頭の中から一時でも「問題」を消してしまうと、気持ちがリセットできます。

そうはいっても……とためらう人には、「それは自分へのご褒美です」と伝えたいと思います。誰も見ていなくても、一生懸命にがんばったことは自分自身が知っています。誰からのプレゼントでもなく、自分へのご褒美と考えてください。

不自由暮らしをがんばりすぎない

先日、新聞を見ていたら、私の出身地である山梨のスーパーチェーンが倒産したという記事が出ていました。

このスーパーは地域密着型の店舗運営で、シニアが多く住む地域や近くに生鮮食料品を買える店舗がない地域に積極的に出店をしていました。このような高い志を持ったスーパーがなくなってしまうのは残念で、買い物難民のシニアが増えることにも胸が痛みます。

気になってインターネットの書き込みを調べると、こんな投稿がありました。

「一人暮らしの実家の母親が、タクシーやバスを使わずに行けたのはあのスーパーだけ。今まで一度も弱気なことを言ったことがなかった母親から『もう生活できない』と電話がかかってきた」

「ウチから10キロ圏内にあるスーパーが1軒もなくなった。自分は車があるから週に1度買い出しに行けばいいけど、隣の一人暮らしのじいちゃんはどうするんだろう。他人事ながら心配」

人口集中が続く都心は便利になる一方、地方はどんどん不便になっていきます。そのため、体力的には余裕があっても、今住んでいる場所は不自由で暮らしにくいというシニアが増えているのです。

このような地方の状況はお子さんだって耳にしているでしょうから、「こちらへ来て、一緒に住まない?」と声をかけられたシニアも多いはずです。

「子どもの世話になるつもりはない」「狭苦しい都会では暮らせない」と思う人もいるでしょう。でも、不自由な生活をがんばりすぎていると、ケガや病気をして最終的に子どもに余計な迷惑をかけることになりかねません。

だから、「ここでの暮らしが難しくなった」と思ったら、子どもとの同居を考えてもいいのではないかと思います。

「そのうちに邪魔者扱いされるのではないか」という不安は誰にでもあるもので

す。でも、そんな不安があったら、ため込んでいないで、ズバリと聞いてみればいいのではありませんか。

長く離れて暮らしていた息子（娘）や、もともとは他人だったお嫁さん（旦那さん）との同居となると、気兼ねも生まれるでしょう。でも、気兼ねをそのままにしていると、かえって後々、大きな爆発を起こしかねません。家族は、遠慮せずに過ごせる関係でいたいものです。

ずいぶんと昔の話で恐縮ですが、『寺内貫太郎一家』というドラマがありました。今ではシニアになられた浅田美代子《あさだみよこ》さんが、18歳のお手伝いさんの役で出ていたのですが、彼女は樹木希林《ききききりん》さん演じる家の長老に向かって「おばあちゃん、きたない」「これ以上、世話をかけないでください」などとズバズバ言っていました。

ずいぶんと乱暴な言葉ですが、それだけ浅田美代子さん演じるお手伝いさんがこの家に溶け込んでいたということだと思うのです。

子どもとの同居を成功させる秘訣は、こんなふうに遠慮をしないことだと思います。

ほめるのを我慢する必要はありません

前項で「子どもとの同居を成功させる秘訣は遠慮をしないこと」と紹介しましたが、少し付け加えておきたいことがあります。

『寺内貫太郎一家』というドラマを例に出したため、「不平不満やズケズケものを言ってもいい」という意味にとらえられたかもしれませんが、本当は、それよりもほめることのほうが大切です。

私もそうなのですが、団塊の世代は「叱って育てる」をモットーにしていた両親や教師と接していたため、たとえばテストで95点とっても、「なんで100点をとれなかったんだ！」などと怒られたものです。

このような育て方をされた影響もあると思うのですが、団塊の世代は他人の言うことを認めたり、ほめるのが得意ではないようです。

でも、夫婦の関係を調べた心理実験によると、相手をほめたり、発言を肯定する会話が否定的な会話の5倍未満だと、離婚の可能性が高くなるそうです。

たしかに、朝から晩まで不満を言われたり、話すことを片っ端から否定されたら一緒にいられませんよね。これは、子どもと同居した際も言えることでしょう。

人は誰でも「ほめられたい」「認められたい」と思っています。この気持ちのことを社会的承認欲求といいます。お世辞だとわかっていても、ほめられると悪い気がしないのは、この心理がいかに強いかを物語っています。

そこで、団塊の世代も意固地にならず、どんどんほめるといいと思うのです。たとえば、「コーヒーおいしかったよ」でもいいですし、「その服、似合っているね」でもいいでしょう。何気ないほめ言葉が、相手と自分を幸せにしてくれます。

「子ほめ」という落語があります。口下手のため損ばかりしている八五郎を見かねたご隠居さんが、お世辞の使い方を教える話です。八五郎は失敗してしまいますが、相手が喜ぶことを口にすれば人間関係がうまくいくというのは真理だと思います。

パソコンの勉強もがんばりすぎない

第1章で、シニアこそネットスーパーやネットバンキングを大いに利用しようと話しましたが、あまりがんばってパソコン操作を覚えようとするのは禁物です。

なぜなら、団塊の世代のなかには今までパソコンにほとんど触れてこなかったという人が多いためです。会社のデスクにパソコンが置いてあった人でも、難しい操作は部下にやってもらっていたというケースが多いのではないでしょうか。

このような人が、いきなり長時間パソコンの画面と向き合い続けると、「テクノストレス」を受けて心身に異常が出ることがあります。

テクノストレスとは、1と0という機械的な言語で動いている機器に人間が無理にあわせようとするために起きるもので、次のような症状が出たら要注意です。

・目がショボショボして焦点を合わせにくくなる

・生あくびが頻繁に出る
・まぶたがピクピクけいれんする
・集中力や根気がなくなった気がする
・物忘れがひどくなった
・周囲の騒音が気になるようになった

パソコンに接しているかぎり、これらの症状は悪化する一方で、ときにはうつ病やめまい、動悸《どうき》、息切れ、自律神経失調症、アルコール依存症などを発症することもありますから、パソコンとの接し方も「ちょこっとずぼら」にしておくのがいいでしょう。

もし、右のような症状を実感したら、まずはパソコンのスイッチを切ること。そして、ストレッチ体操をしたり、のんびり散歩を楽しむようにしてください。ほどよい身体疲労にはストレス発散効果があるからです。

ただし、ストレス発散のためにテレビを見るのはいけません。テクノストレスには目の疲れという肉体的疲労も関係しているため、目も休めてあげましょう。

一人になったということは自由に恋愛できるということ

前章で「熟年夫婦には、考え方に大きな違いがある」と紹介しましたが、これは伴侶《はんりょ》を失ったときの反応にもあらわれるようです。

アメリカ・ロチェスター工科大学の研究によると、熟年離婚した男性の平均余命はなんと9年も短くなり、早死にする確率も3割高くなるそうです。

また、カリフォルニア大学が行った調査でも、妻と離婚したり死別した後、再婚しなかった男性は短命で、65%以上の人が70歳前に死亡してしまうそうです。

ところが、女性にはこのような傾向はほとんど見られなかったというのです。

「妻に先立たれた男は早死にする」という話をよく耳にしますし、欧米には「メリーウイドウ（陽気な未亡人）」という言葉もあります。これらの言い回しは、どうやら真実をあらわしているのでしょう。

伴侶を失った男性が寿命を縮めてしまう最大の理由は、「取り残されてしまった」という強いストレスを感じることです。イメージとは異なり、女性よりも男性のほうがストレスに弱く、それは高齢者のうつ病発症率は男性が女性の2倍も高いというデータからもわかります。

でも、失ってしまった人のことをずっと考えていても状況は変わりません。冷たいと言われるかもしれませんが、一度離れてしまった相手の心を取り戻すのは難しいことですし、亡くなった人をよみがえらせるのは不可能です。

だから、考え方をちょこっとずぼらにして、「一人になってしまったということは、自由に恋愛できる資格を取り戻した」と考えてみてはいかがでしょうか。

私は、伴侶を亡くして落ち込んでいる患者さんにも同じアドバイスをするようにしているのですが、このときの反応も男女でまったく異なるので、いつも驚かされます。

女性の場合、顔を赤らめながら、「そうね、そうよね」「さっそく、今日からでもがんばってみます」と、肯定的・積極的な反応を見せることが多いのですが、男性の場合は、「いい歳をして、恥ずかしい」「恋愛なんて無理にきまっている」という否定的・消極的反応をする人がほとんどです。

そこで、ここから先は男性シニアに向けて言いたいのですが、人の三大欲求は食欲、性欲、睡眠欲です。つまり、これらの欲求を自ら遠ざけるということは、生きる意欲を失うことでもあると思うのです。

とくに恋愛には、ドーパミンの分泌量を増やす働きがあると知られています。ドーパミンには脳を元気にして、やる気を出す働きがあります。

恋をすると気分が高揚して前向きな気持ちになれるのはこのためですが、いつまでも元気で長生きをしたいなら、このような恋愛の〝薬効〟を使わない手はないと思うのですが、いかがでしょうか。

もし、出会った女性にトキメキを感じたら、歳のことなど考えずに正直に告白してもいいでしょう。

たとえフラれても、「あのとき告白すればよかった……」という後悔だけは残さずにすみます。

「NO」と言うのも健康法のひとつ

日本人の国民性のひとつが、「NOと言えないこと」とされています。頼み事をされると、「いやだな」と思っても断れなかったり、苦手な相手から誘われると「ほんとうは行きたくないけど……」と思っても「はい」と応じたりしてしまう。きっと、そんな経験が誰にでもあるでしょう。

たとえば、今度の日曜日は完全休養日にして、何もせずダラダラと過ごそうと考えていた。ところが、知り合いから、「実は日曜日に引っ越しをするんだけど、手が足りなくて困っているんだ。空いていたら手伝いに来てもらえないかな?」と頼まれたとします。

すでに旅行などの変更できない予定があれば、「いや、週末は家族旅行の予定で、すみません」と断ることもできます。でも、断る理由が「ダラダラと過ごす」では、あなた自身が「断る理由にならない」という気持ちになり、本心はもちろん引き受けたくないのに、「いいですよ。お手伝いします」と言いがちです。

とはいえ、「日曜日はゆっくり休みたいから、お手伝いはできません」とストレートに言いにくいのもわかります。

このようにバカ正直に言う必要はありません。そんなときはシンプルに、

「すみません。あいにく、その日は先約がありまして……」

「その日は、どうしてもやらなければならないことがありまして……」

と、少しぼやかしながら丁重に断ればいいのです。

なかには、なんとか言い訳を付け加えようとする人もいます。たとえば、「息子夫婦が来る」とか「家族の具合が悪いから看病する」……など。

しかし、「嘘」は必ずバレるもの。嘘をひとつつくと、その嘘のために、また嘘をつくようになり、やがて、にっちもさっちもいかなくなったりします。

先方は自分の都合で頼み事をしているのですから、こちらの都合で断ってもいいのです。自分が思うほど、相手はあなたの「NO」について重く見ていません。

お願い事を安請け合いしないように

「○○さんのコネでなんとかならないでしょうか」

現役時代に高い役職に就いていたり、有名企業に勤めていたシニアほど、こんな頼み事をされることが多いと思います。

本人も、「この頼みを聞いてあげれば、尊敬される（認めてもらえる）」という意識もあるので、「わかった、なんとかしてみるよ」と安請け合いして、片っ端から後輩や元部下に連絡をしたりするようです。でも、これは好ましいことじゃありません。

なぜなら、話がうまくいかない場合に、元部下などに対して、「お前には貸しがあるじゃないか」「あのときの恩を忘れたのか」という思いが生まれ、時には口にしてしまうこともあるからです。

たしかに、相手も恩義に感じているかもしれません。でも、そのことを指摘されるくらい不快なことはありません。

私は、恩というのは、授けた人が口に出してはいけないもので、「やりっぱなしでいい」と考えるのがちょうどいいと思います。もし、恩の話を出してしまったら、それは好意ではなく打算でやったことになってしまうのではないでしょうか。

しかも、お願い事をした人は「なんとかしてみる」というあなたの言葉を信じて吉報を待っていますから、それも裏切ることになり、尊敬どころか評判を落とすことになります。だから、何かを依頼されても安請け合いはしないことです。

「お願いを断ったら、友人に嫌われるのではないか」と恐れている人もいるでしょう。

たしかに、シニアにとって友人は貴重です。でも、頼み事を断ったくらいで離れていくとしたら、あなたは利用されていただけかもしれません。

つまり、相手はあなたの人間性ではなく、昔の肩書が魅力でつきあっていたということ。そんな打算的な友人なら、迷惑を被《こうむ》る前に離れた方がいいと思います。

難しい依頼は「忘れやすくて」とサラッとかわす

前項で「お願い事は安請け合いしないこと」と話しました。

しかし、相手も必死ですから、頼みを断るのはなかなか難しいものです。とくにお金に関する依頼は、よほどのことがなければ言い出せなかったと想像されるため、どうすればいいのか考えすぎて体調を悪くしてしまう人もいるようです。

でも、やはり断るのがお互いの幸せのためだと思うので、逆恨みされない断り方を紹介しておきましょう。

まず、依頼を断る際には、次の3パターンあることを知っておいてください。
①自罰型……断る理由が自分にあると認める言い方です。「私も年金暮らしなので、お金を貸せる余裕はないんだ。申し訳ない」などの断り方です。
②他罰型……断る理由が相手にあるとする言い方です。たとえば「金遣いが荒す

ぎるから、そんなことになるんだよ」などという断り方です。

③無罰型……断る理由を曖昧《あいまい》にする言い方です。「そんなに大切なことを頼まれても、忘れやすいのでわからないよ」のように、曖昧な理由ではぐらかします。

「自罰型」は、お金を貸せない責任がすべて自分にあると認めているため、相手は「それなら仕方がない」と納得してくれますが、自分が「なんて私は甲斐性なしなんだ」と感じてしまうため、精神衛生上はよくありません。

「他罰型」は、ご想像通り相手に恨まれますから、これも断り方としてはあまりうまいものではありません。

その点、最後の「無罰型」は、相手は「この人は頼りにならない」と思って引き下がってくれますし、自分自身も断ったことをクヨクヨ悩まずにすみますから、おすすめです。まさに「ちょこっとずぼら」な断り方といえるでしょう。

加賀百万石が徳川家ににらまれずに存続できたのは、二代目藩主前田利常《まえだとしつね》がわざとバカ殿を演じたからだとされています。それに倣《なら》い、必要に迫られたときは、バカ殿ならぬ「ずぼらシニア」の真似をしてみてはどうでしょうか。

がんばってまで孫にお小遣いをあげなくてもいい

「小皇帝」という言葉をご存知でしょうか。

これは、１９７０年代から中国で実施されていた一人っ子政策時代に生まれた子どもたちのこと。厳密には男の子を指し、女の子は「小皇后」と呼ぶそうです。意味はなんとなくわかりますよね。そう、一人っ子で、わがまま放題に育てられた子どもたちを揶揄《やゆ》しています。

小皇帝は「６つのポケットを持っている」ともいわれています。両親と父方の祖父母、母方の祖父母という６人のポケットからお小遣いをもらえるという意味です。

以前は、辛辣《しんらつ》なことを言うなあと思っていたのですが、日本でも少子化が進んでいて、似た状況になっています。

「小学生に入ったばかりの孫がいます。久しぶりに遊びに来たので、ポチ袋に入ったお小遣いをあげたら、すぐに中身をたしかめて、『なんだ、千円か』って言うんですよ。『あら、少なかったかしら』ってとぼけたら、『だって、○○のおばあちゃん（母方の祖母）は5千円くれたよ』って言われてしまいました。なんだか悔しくなって、お財布から1万円出してポチ袋に入れてあげたんです。それは大切な食費だったんですけど。親バカならぬ婆《ばば》バカですね」

地方で一人暮らしの女性（74歳）が、笑いながらこんな話をしてくれました。

でも、笑っている場合ではないと思います。たしかに、一人暮らしをしているところに子どもや孫が遊びに来てくれるのは嬉しいものです。たまにしか会えないのだから、できるだけのことをしてあげたいという気持ちもわかります。

でも、少ない年金だけで暮らしているなら、自分の生活費を削ってまで「気前のいいおばあちゃん（おじいちゃん）」を演じる必要はないと思うのです。

厳しいことを言うようですが、本人は孫のためと思っているかもしれませんが、実際には単なる自己満足です。

こんなことを続けていると、孫はおじいちゃん・おばあちゃんに依存するようになってしまいますし、お金に対する感謝を失うことにもなります。

そして、いつの間にかそれがあたりまえと思うようになり、「お小遣いをくれないのはおかしい」「お金がなくなったらおばあちゃん（おじいちゃん）のところへ行けばいい」という思い違いをするようになるでしょう。

これでは、中国で皮肉混じりに語られていた「小皇帝（小皇后）」や、「６つのポケット」と同じです。

「先方の祖父母は〇〇円くれた」という言葉を聞いて、競争心が芽生えるのもわからないことではありません。でも、前にも話した通り、シニアになったら競争心は捨てるのがいいでしょう。

「よそはよそ、うちはうち」という考えを持ち、「私は、あちらのおばあちゃんほどお金がないの。だから、これだけね」と、正直に伝えればいいのです。

そうすれば、小さな子どもでも「お金より大切なものがある」とわかってくれる……と私は思っているのですが、どうでしょうか。

自分のお金は自分のために使う

多くの日本人が２０００万円前後の資産を残して死んでいくといいます。驚きです。老後の生活が心配だからと蓄えた預貯金を、多くの人が使い切れずに死を迎えているということでしょうか。

数字の面から見ればシニア世代は恵まれているといえそうで、そうなれば、聞こえてくるのは若い世代からの叫びです。

「シニアがお金を持っているのなら、年金受給額を引き下げてもいいじゃないか。われわれの世代は子育てでたいへんな思いをしている」

親が資産を残せば子どもたちは喜んでくれるはず。しかし、昨今、家庭裁判所で扱う案件でいちばん多いのは遺産相続争いです。

「遺産相続争いなんてお金持ちの話で、庶民の自分たちとは無縁だ」と思う人が多いのですが、しかし、遺産総額が数百万円、あるいは小さな家が1軒残っただけという場合でも、遺産をめぐる争いは珍しくありません。争われるのは金額の問題ではなく、取り分の問題だそうです。

そういう話を聞くと、思い起こされるのは、西郷隆盛《さいごうたかもり》の「子孫のために美田を残さず」という言葉です。あるとき、西郷家に「近くの田畑を買わないか」という話がありました。このとき西郷さんは、「うちの子にバカな者がいたり、心が弱い者がいるなら、その子の将来のため美田を買う必要もあるだろうが、幸い、うちにはそんな子はいないから、みんな自活できる。それなら、美田など買うべき理由はない」と言ったそうです。

自分で稼いだお金は、自分の人生ですべて使うと思い切ったほうがいいのかもしれません。

現役時代は「子ども最優先」でお金を使ってきたのですから、老後は自分自身のためにお金を使って、残りの人生を精一杯、豊かに過ごせばいいのです。借金を残すのはいただけませんが、子どもに多額のお金を残す必要もありません。

「お金持ち」より「時間持ち」の精神

若い人のレジャー観が変化しているのでしょうか。かつては、クルマに夢中になったり、サーフィンに熱中したり、冬になればスキー三昧という若者たちが多くいたものですが、「最近の若者はクルマ離れ、スキー離れが進んでいる」とメディアが伝えています。

では、若い人が給料を何に使っているかといえば、預金。老後や病気など万が一のときに備えてだそうです。

たしかに、将来のことを考えずに、入ったお金をすべて使ってしまうのも考えものですが、若いときにしかできないことをせずに、「老後に備えての預金」に励むのでは、ちょっと寂しい人生計画のように思えます。

一方で、シニア世代は、若いときよりも出費を抑えられます。生きているかぎりお金は必要ですが、普段から地道な暮らしをしていれば、出費はある程度は抑えられるものです。

まず、若いときのようにたくさんの量を食べられません。おしゃれ心は大切ですが、若いときのように流行を追いかけることはないでしょう。

もちろん、現役で働いていたときよりも経済的には厳しくなるでしょう。しかし、高齢者の多くは、決して悲観的に暮らしてはいません。それは、人生を豊かにする、お金以外の要素、すなわち「時間」をふんだんに持っているからでしょう。自由に使える時間を持つことは、人生を豊かにしてくれる決め手なのです。

若い頃のように、ゲームセンターやテーマパークで時間を費やすようなお金のかかるレジャーではなく、時間をたっぷりかけて楽しさを深めていく。若い頃に夢見ていた、そんな時間を心ゆくまで堪能している人が多いということでしょう。

たとえば、自治体から支給されたパスを利用して、あちこちに出かけているシニア男性がいます。

彼は東京都が支給するパスを持っていますが、都バスや都営地下鉄が無料になるので、上手に乗り継いで「都内の旅」を楽しんでいます。とりわけ気に入っているのがバスの旅。窓外《そうがい》の景色ばかりでなく、車内外の人間模様をあれこれと眺めていると、まったく飽きないそうです。

高速道路を利用せず、あえて一般道路だけをゆっくり走って日帰り温泉旅行を楽しんでいる人もいます。「高速道路では車窓を楽しんでいられない。一般道なら、気に入った景色を見つけたら、クルマを近くの駐車場に入れて、散策が楽しめる」とのこと。

また、自宅を長期で知り合いに貸してしまい、自身はキャンピングカーで全国を巡る旅に出た人もいます。必要な荷物だけを積み、あとは、その日の気分で、走りたいところまで走るという気楽なドライブで、気に入った土地があれば、その地でしばらく滞在するとのこと。

ある年には、さくら前線を追いかける旅を敢行し、九州から四国へ、そして本州を縦断して青森の弘前《ひろさき》まで走ったそうです。「いやぁ、日本は広いようで狭いし、狭いようで広い」と楽しそうに話していました。

「ため込む」から「共有」へ

きれい好きで、いつも家の中がきちんと整っているという人でも、改めて部屋の中を見渡してみると、思っている以上にモノをため込んでいることに気がつくのではないでしょうか。もともと整理は得意ではないという人に至っては、おそらく目も当てられないような状態になっているかもしれません。

一見、片づいているように見える場所、たとえばキッチンの収納スペースや押し入れ、納戸《なんど》や物置なども、不用品が押し込まれていることが少なくありません。

整理の達人に聞くと、シニアの家では、不用品は、棚の上、押し入れや納戸の奥、収納ケースの中などにごっそりあるそうです。

歳をとると目線より上のものは取りにくくなるため、いちばん上の棚は放っておくようになりますし、押し入れや納戸の奥は、奥のものを取り出して使うのはおっくうで、使用頻度が低くなり、やがてデッドストックになるのです。

収納ケースにしても、一度しまうと、その後は開けることが少なくなり、また、収納ケース自体が重いから、めったに出さなくなり、その結果、中のものがわからなくなるといったように、それぞれ、もっともな理由があるわけです。

先日、散歩をしていると、あるお店の軒先に、衣類や花瓶、イスなどの日用品が置かれていて、「自由にお持ちください」と書かれたボードが立っているのを見かけました。

お店の人に聞くと、シニアのお客さんのなかに、「もう着ない服があるのよ。まだ十分に着られると思うのだけど」という人がいたので、「それならここに出して、誰かほしい人に持っていってもらったら」と提案したのだそうです。

場所を提供したお店の人も、もうすぐシニアといった感じでしたから、似たような思いを持っていたのかもしれません。

「金は天下のまわりもの」という言葉もありますが、「不用品も天下のまわりもの」なのかもしれません。

「ときどき日記」でも十分です

寝る前に日記をつける……これを習慣にしている人がいます。ところが、一日の終わりに、今日の失敗や怒りなどを書いていると、イライラといやな気持ちを引きずって、寝つけなくなる場合があります。これでは体によくありません。

そんなときにおすすめなのが「翌朝日記」です。ひと晩寝ると、前の日にあったいやなことの印象も薄れて、ネガティブな言葉や暗い言葉が少なくなるものです。「昨日のことは昨日まで」と頭の切り替えができるでしょう。

ところで、私が聖路加《せいるか》国際病院に勤め始めたとき、そこには日野原重明《ひのはらしげあき》先生という大先輩がいらっしゃいました。先生は１０５歳という高齢で亡くなりましたが、それまで現役で医師を務めておられたのです。

その日野原先生が愛用されていたのが「三年日記帳」でした。三年分を書き込む日記帳ですが、先生は独特な使い方をしていました。日記帳はその日にあったことを書くものですが、先生は「未来の予定」をどんどん書き込んでいきます。「予定があると心が元気になる」というのが理由だそうです。

日記といえば「三日坊主」になりがちですが、日記を書き続けるコツがあります。それは、がんばりすぎないことです。

「おもしろいことを書かなければ」「何か事件はなかったか」と考えすぎると、書くのがいやになってしまいます。毎日の生活のなかで、大きな事件や出来事が起きることなど、そうはありません。何も起きなかったなら、テレビで見たこと、天気、食べた物でも書いておきましょう。書き続けることが重要だからです。

いいえ、毎日書かなくても、抜ける日があってもいいではありませんか。思いついた日に、書きたいことを書くのなら、制約がなくて気持ちが楽でしょう。まさに、ちょこっとずぼらな「ときどき日記」でいいのです。

第4章
クヨクヨにさよなら

手紙やメールの返事がなくても気にしない

第1章で「シニアになったら年賀状を減らそう」と提案しましたが、実際にやろうと思うと未練が残って難しいものです。でも、そう思わない相手もいて、退職したとたんに年賀状を送ってこなくなったり、返信をくれなくなる人も少なくありません。

このように、自分から送るのを止める前に届かなくなると、落胆は大きくなります。銀行の支店長を務めていたKさん（69歳）も、そんな一人です。

「退職してから年賀状は減る一方です。現役時代は千枚近くきて整理するのも大変だったのに、今じゃ週刊誌ほどの厚さもきませんよ。なかには、こちらが出しても返事を返してこない人もいます」

退職後も週刊誌の厚さほど年賀状がくるなら、それで十分だと思うのですが、やはり返事がこないことは気になるようです。

年賀状にかぎらず、招待状や挨拶状、メール、ＬＩＮＥなどでも返事（返信）がないことはよくあります。こんなときは、がっかりしたり、腹を立てたりするものですが、だからといって、自分ができることはほとんどありません。

「どうなってるんだよ」と催促するという方法もありますが、そんなことをすれば「しつこい人だ」「距離感がわかっていない」と敬遠されるのがオチでしょう。

上手な対処法がないなら、クヨクヨ考えてストレスを増やしても仕方がないと思うのです。

極端な言い方をすると、年賀状や挨拶状、メールなどを出すというのは自分勝手な行為でしょう。だから、相手が返事を出す、出さないも勝手なのです。

「もしかして、なにか気に障《さわ》ることを書いてしまったのだろうか」と、気に病む人もいると思います。でも、書いたことが自分の本心なら、あれこれ考えても仕方ありません。本心を曲げてまで他人とつきあい続けるのは大変ですから、「気が合わなかったんだな」「価値観が違ったんだ」と思えばいいだけではありませんか。

愚痴をこぼしてスッキリ！

クヨクヨ考えていることを口に出すと「愚痴《ぐち》」になります。シニアのなかには、この「愚痴」という言葉を聞いたとたん、顔をしかめる人が少なくありません。それは「愚痴を言うのは恥」と言われて育ってきたからのようです。

でも、医師の立場で言わせていただくと、愚痴はどんどん言ったほうがいいですよ。なぜなら、気分がスッキリして心の重荷がとれるのです。これはカタルシス効果といって、フロイトも精神療法に取り入れていたストレス解消法です。

最近は、日本でも、話の聞き役になってくれる心理カウンセラーが増えてきました。しかし、がんばってカウンセリングの予約をとる必要はありません。愚痴は、誰かに聞いてもらうだけで、十分にカタルシス効果を期待できるためです。

パートナーや友人でもいいですし、アドバイスをもらうわけではないので、人生経験が浅い若い人（我が子を含む）でもかまいません。

こんなことを言うと、おそらく、「愚痴を言うだけでも抵抗があるというのに、若い人になんか言えるわけないだろう！」と、強い抵抗を示す人がいるでしょう。

でも、そのまま一人でクヨクヨ考えていると心身に悪影響が出てしまいます。プライドは捨てて、もっと気楽に口を開いてみてください。

このとき、相手はできれば女性がいいです。なぜかというと、女性は愚痴を聞かされるストレスへの耐性が、男性とは比べものにならないくらいあるからです。

女性の脳は男性に比べて右脳と左脳を結ぶ脳梁《のうりょう》という神経の束が太く、しかも大脳皮質と大脳辺縁系《へんえんけい》をバランスよく動かすことができるようになっています。

この構造が、愚痴というストレスに強い秘密です。

しかも、女性は男性よりも思考が柔軟なため、愚痴を聞いても怒ったり説教をすることがあまりありません。

男性の場合、「こうすればいい！」などという、求めていないアドバイスや説教が始まるため、カタルシス効果どころかストレスがさらに増えてしまうでしょう。

こぼす相手がいなければ紙に書けばいい

「女性に愚痴をこぼすとスッキリできる」と言いましたが、「やっぱり無理」「適当な相手が見つからない」という人もいるでしょう。

となると今度は「私には愚痴をこぼせる相手もいない」と、そのことをクヨクヨ考えるようになります。でも、それなら紙に書けばいいのです。

この方法なら告げ口される心配もないので、「年金が振り込まれたけど、こんなに少ない額じゃやっていけないよ」というような弱音でもいいですし、「何度も私の注文を聞き返した店員、耳の穴を掃除しろ！」や「〇〇さんはいつも自慢話ばかり」のように、腹が立ったことや気に入らない人の実名や悪口だって吐き出すことができますね。

「書く」という作業だけでもカタルシス効果は十分に得られますが、この紙を丸めてゴミ箱にポイと捨てたりシュレッダーにかけると、よりスッキリするでしょう。

それに加えて、外でムカッとすることがあっても、「家に帰ってから悪口をたっぷり書いてやるから、待っていろよ！」などと思えると、そのときに冷静でいられます。

悪いことを日記に書いているという人もいるでしょうが、日記は残るものなので、後で読み返すと「なんてひどいことを書いたんだろう」と自己嫌悪に陥ったり、「自分がいなくなったら、誰かに読まれるかもしれない」と考えてしまうことがあり得ます。これがまたストレスになるため、日記ではなく、すぐ捨てられる紙に書いてポイ捨てしてしまったほうがスッキリ感を強く感じられるでしょう。

第1章で「歳をとるにつれ、できないことが増えていくのは自然なこと」といいましたが、それを受け入れるのは難しいため、劣等感に苛《さいな》まれている人も多いと思います。

そんなときは、自分のいいところや優れているところを紙に書いてみましょう。

誰にも見せないのですから恥ずかしがることはありません。「この年齢にしてはスタイルがいい」「子どもを立派に育てた」「字が上手い」「カラオケへ行くと、声がいいとほめられる」など、なんでもいいのです。

こうして書き出したら、読み上げてみてください。笑みとともに自信がよみがえってくるはずです。

科学者だって祈るんです

受験シーズンになると、東京の湯島天満宮、京都の北野天満宮、山口の防府《ほうふ》天満宮、福岡の太宰府《だざいふ》天満宮には、たくさんの受験生や受験の関係者が合格祈願に訪れます。「学問の神様」と称される菅原道真《すがわらのみちざね》公が祀《まつ》られた神社で、そのご利益にあやかろうという人たちです。

受験にかぎらず、多くの人たちが、病気平癒《へいゆ》、健康、安産、家内安全、商売繁盛、交通安全、さらには勝負ごとに勝ちたいなど、ご利益があるとされる神社に詣でて、さまざまな願い事をするのは世の常です。

普段は、神さまや仏さまのことなど考えない人が、いざとなると神仏にすがるというのも、考えてみれば身勝手な話ですね。そんなところから「苦しいときの神頼み」という言葉が生まれたのでしょう。

それでも、人々の願いを大らかに受けとめてくれるのですから、神仏は、ありがたい存在と言わざるを得ません。

しかし、神仏に詣でることは、ただのおまじないともいえないのです。

東京工業大学の元教授で電波工学の権威だった関英男《せきひでお》先生は、「祈りの気持ちは脳をおだやかにする」と語っています。だからこそ、緊張状態のなかで気持ちを落ち着かせるために私たちは祈り、祈るという行為によって、無意識に平常心を維持しているのではないでしょうか。

自分自身の信仰とは縁のない、旅先の寺や神社などで手を合わせているうちに、すがすがしい気持ちになった経験がある人もいるでしょう。

また、ご先祖のお墓参りをしていて、なんとなく気持ちが落ち着いたという人もいるでしょう。

「人事を尽くして天命を待つ」という言葉もあるように、人智を超えたことに関して、人々は神仏を頼って心の平静を保っているというわけです。

小惑星イトカワまで行き、サンプルを回収するというミッションを課せられた探査機「はやぶさ」は、度重なるアクシデントをひとつひとつ克服し、60億キロもの宇宙の旅を経て地球に戻ってきました。「奇跡の帰還」として注目を集め、3本も映画がつくられたことは、ご存知の通りです。

宇宙空間を飛ぶ探査機といえば、科学技術の最先端が結集されたものですが、ひとつ、おもしろい話があります。

アクシデントに見舞われたとき、プロジェクトマネージャーとして指揮をとった川口淳一郎《かわぐちじゅんいちろう》氏（宇宙航空研究開発機構《JAXA》教授）は、東京都台東区にある飛不動尊《とびふどうそん》や京都府八幡市《やわたし》にある飛行神社を詣でて、ミッションの成功を祈願したそうです。

ちなみに、「イトカワ」の名の由来である故・糸川英夫《いとかわひでお》先生は、日本のロケットの父と呼ばれていますが、やはり「祈りのパワー」について大いに認めています。日本を代表する科学者でも神頼みをするわけですから、悩み苦しむときには大いに神仏の力に頼ってもいいと思います。

一点豪華主義で節約生活を楽しむ

シニアなら誰だって、お金について考えないことはないはずです。家計をやりくりしていれば、「今日は○○円買い物をした」と考えるでしょうし、退職金を投資に回した人なら、どれくらい利益が出ているのか気になるはずです。

いや、考えたり気になるというより、不安のほうが大きいかもしれません。だから、ほとんどのシニアはできるだけ生活を切りつめようと考え、実際にそうしている人が多いでしょう。

無駄な出費を削るのはよいことです。でも、これもあまりがんばりすぎてはいけません。節約ばかり続けていると、心と体が貧しくなってしまうからです。

学生時代に、月半ばで仕送りを使い切ってしまったという経験がある人も多いと思います。そんなときは耐乏《たいぼう》生活を続けるしかありませんから、3度の食事を

2度に減らしたり、光熱費を浮かすために布団にくるまって過ごしたかもしれません。それでもなんとか耐え忍ぶことができたのは、将来の夢が不安を上回っていたからだと思います。

しかし、現代のシニアの心の中の大半を占めているのは、将来の夢ではなく将来の不安です。このような状態で、若い頃のような日々を過ごしていたら、心が折れてしまうでしょう。

私の知人の弁護士さんが、「大学時代は本当にお金がなくて、スーパーで大量に買った『混ぜご飯の素』を、実家から送ってもらった米に混ぜて作った炊き込みご飯を、三食食べていました。だから、今じゃ松茸ご飯も苦手なんですよ」と、笑いながら話してくれたことがあります。

若い頃だったら、このような偏った食生活でもなんとか元気でいられるでしょうが、シニアだったら、あっという間に体調を崩してしまうはずです。

さらに、心が折れている状態が重なったら、「健康で長生き」という目標など達成できるわけがありません。私たちは修行僧ではないのですから、そこまでがんばって日々を送る必要はないでしょう。

「でも、節約しなければ生きていけないのだから、仕方ないじゃないか」

こんな声が聞こえてきそうですが、その場合は「一点豪華主義」を心がけてみてはどうでしょうか。

具体的には、毎日の食事や着る物にはあまりお金をかけずに節約し、自分の趣味ややりたいことにはお金を使うという生活です。

食事にお金をかけないといっても、前出の弁護士さんのように、同じものを食べ続けるというのはいけません。最近は、一人用のお惣菜《そうざい》などもスーパーやコンビニで売られていますし、シニア向け宅配弁当を頼むのもいいでしょう。

このような宅配弁当は一食５００円以上のようですが、偏食で体を壊し、病院にかかることを考えれば、決して高すぎるとはいえないと思います。

そして、たまに豪華なディナーを楽しんだり、趣味のために必要な物を買ったり、観劇や旅行へ行くことを目指します。このような目標や夢があれば、節約生活のストレスも軽減できるはずです。

お酒を選ぶより肴を選んでクヨクヨ解消

「ボルドーといったら、やっぱりメドックの〇〇年モノだよね」

「大吟醸は香りが強すぎて、ちょっとね……」

お酒には誰でも一家言《いっかげん》あるようで、飲むと必ずこんな会話が始まるものです。ところで、酒好きは、「これぞ最高の酒の肴《さかな》なんだよ」なんて言うものですが、私にも一言口を出させてください。「そんなこと言わず、おいしい肴をもっと食べてほしい」と。

お酒だけを飲んでいると、少量でも血中アルコール濃度が高くなり、体に与える影響が大きくなってしまいます。食べるなというのは厳しいでしょうが、「食べてほしい」なら、簡単にできると思いませんか。

「お酒を適量飲んでいる人は、まったく飲んでいない人よりも長生きする」といわれますが、これはあくまでも「総死亡率」を比較したもので、「ケガなどで亡くなる人の割合」は、わずかな飲酒量でも急上昇するという、注意すべき結果が出ています。

おそらく、お酒を飲んだ後に転んだり、階段から落ちる、お風呂で溺《おぼ》れる、側溝に落ちるなどして命を失うケースが多いことを示唆しているのでしょう。つまり、家の内外にかかわらず、酔っ払った状態は危険ということです。

そこで、こんなことにならないためにも、お酒よりも肴を食べてもらいたいのです。

どうせ食べるなら、脳と体にいい肴を選びましょう。たとえば、ナッツ類はクヨクヨや情緒不安定などの原因になるマグネシウム不足を解消できますし、小魚、ひじき、ゴマなどに多く含まれているカルシウムと一緒に食べればより効果的です。

また、キノコ類には、タンパク質やビタミンB、ビタミンDなど、脳を元気にしてくれる栄養素がたくさん含まれています。しかもキノコ類のカロリーはほとんどゼロに近いため、体重が増えやすいシニアにとってはありがたい酒の肴といえるでしょう。

ただし、アルコールには食欲を増進させる働きがあるため、食べ過ぎには注意してください。「食べろ」と言ったそばから「食べ過ぎるな」と言うのは恐縮ですが、なにごとも「ほどほど」が大切ということです。

宅配弁当も優雅に楽しもう

最近は、「シニア向け宅配弁当」も細分化されて、「糖尿病患者向け」「腎臓病患者向け」「高血圧症向け」などもあるそうです。

健康のためによいとはわかっていても、こういうお弁当や、パックに入っているお惣菜を買ってきて食事をするのを、なんとなくわびしい気がするというのもわかります。でも、それは、届けられた状態や買ってきたままで食卓に並べている「ずぼら」をやっているからかもしれません。

お芝居を見に行ったときのこと。幕間に、隣に座っていた高齢の女性が漆《うるし》のお弁当箱を出して食事を始めました。失礼だとは思ったのですが、職業柄気になってちらりと見たところ、肉、魚、緑黄色野菜、海草類と、すばらしいバランスの料理が並んでいるではないですか。

私は我慢できなくなり、「美味しそうなお弁当ですね。ご自分で作られたんですか？」と聞いてしまいました。

すると、その女性は笑いながら、「いいえ、お弁当屋さんへ行って『このお弁当箱に詰めてください』とお願いしただけです」と教えてくださいました。

プラスチックのパックに入っていたら味気なく見えたであろう「おかず」が、漆塗りの器に移し替えただけで、料亭で作られた手の込んだ「料理」に見えていたのです。なんという名案でしょう。

食中毒のリスクがあるため、すべてのお弁当屋さんでやってくれるとはかぎりませんが、買ってきたお惣菜を家で食べる際には、このような一手間をかけ、ちょこっとずぼらにすることはできるでしょう。

一手間といっても簡単なことです。パックに入っているお惣菜を、お気に入りの器に移し替えるだけ。パックのお弁当も、ご飯はお茶碗に移し、お肉とお魚は別の皿に盛り、お醤油やソースを小皿に入れれば、豪華な食事のできあがりです。

このように、料理を移し替えるメリットはもうひとつあります。それは、食事をゆっくり味わいながら楽しめるようになるということです。

プラスチックのパックに入ったお弁当や、鍋に入れたままのうどんを食べていると、なんとなく「手早くすませたほうがいい」という気持ちになるものです。忙しかった社会人時代にはそれも必要だったかもしれませんが、退職して時間に余裕ができた今は、そのようにして食事をかき込む必要はないでしょう。

それに、早食いをすると肥満のリスクが2倍も高くなるという研究結果もあります。これは、食事を開始してから15〜20分しないと血糖値が上がりはじめないために起きることで、つまり、15分以上かけて食事をしないと、どうしても食べ過ぎてしまうというわけです。

ちなみに、肥満女性のグループにゆっくり食べるように指導したところ、20週で平均4・6キロの減量に成功したそうです。

また、早食いをすると、食べ物が誤って気道に入り込みやすくなることもわかっています。これを誤嚥《ごえん》といい、高齢者が肺炎を起こす最大の原因です。ゆっくり食べることは気分だけではなく健康にもよいと覚えておいてください。

歯磨きで長生きしましょう

「早食いをすると、食べ物が誤って気道に入り込みやすくなり、それが原因で肺炎を発症することもある」とお話ししましたが、これを誤嚥性肺炎といいます。若い人にはあまり見られませんが、加齢とともに「嚥下《えんげ》反射」という、食べ物を気管に送らないようにする反応が起きにくくなります。70歳以上で肺炎を発症した人の約７割が、この誤嚥が原因だったというデータもあります。

肺炎は死因の第３位になっている恐ろしい病ですから、早食いは禁物なのです。早食いだけではなく、歯磨きがおろそかな人も誤嚥性肺炎になりやすいとされています。歯磨きが不十分だと口の中の衛生状態が悪くなり、肺の中に細菌が入りやすくなるからです。

でも、心配することはありません。健康で長生きをしたかったら、歯磨きをすればいいのです。歯磨きをしっかりしていれば、失う歯も少なくなります。

これはとても大切なことで、65歳以上で歯が20本以上残っている人は、それ未満の人と比べて認知症の発症リスクがおよそ半分になるという調査結果があるほどです。

とはいうものの、正直なところ、歯磨きは面倒ですね。「朝、起きたときと毎食後。間食をとった後と、寝る前も磨きましょう」と厳しく指導されると、ゲンナリしてしまいます。

でも、これは「建前」のようで、ある先生が教えてくれたのが、

「最低でも朝起きたときと寝る前の2回は磨いてください。口の中の細菌は寝ている間に増えるので、この2回の歯磨きで増殖をかなり抑えられます」

という、ちょこっとずぼらな歯の磨き方でした。

もちろん、食事のたびにも磨くのが理想でしょうが、あまりがんばりすぎると長続きしないものです。まずはこの先生が教えてくれたように、起きたときと寝る前の一日2回を守ることから始めてみてください。

「ちょっと寝」はいいことずくめ

第1章で「睡眠に関する悩みを抱えている患者さんが多い」と話しましたが、その原因が昼寝にあることは珍しくありません。

人間は体内時計を持っていて、その指示で夜になると眠くなるのですが、実は、午後2時～4時にも眠気が強くなります。この時間帯が、起きてから寝るまでの中間地点のため、「そろそろ、ひと休みしましょうよ」と体が求めているのです。

現役時代には、この時間帯は仕事の真っ最中でしたから、眠るということはなかったでしょうが、退職してすることもなく時間を過ごしていると、どうしてもこの時間帯にウトウトしがちです。

でも、一日に必要な睡眠時間というのはだいたい決まっているので、昼寝をすると、その分、夜の睡眠時間が短くなってしまうというわけです。

ちなみに、フランスの皇帝ナポレオンは3時間しか眠らなかったといいますが、昼間の移動中に馬上で居眠りをしていたそうです。そのため、3時間睡眠でも支障がなかったのでしょう。

つまり、昼寝をしていれば、「よく眠れない」と不安に思う必要はありません。逆に、「どうしても、夜ぐっすり眠りたい」というなら、昼寝を我慢することです。

でも、あまりがんばって昼寝を我慢する必要はないと思います。なぜなら、昼寝というのはとても効率のよい眠りだからです。

脳波計で昼寝の睡眠パターンを調べてみると、一瞬で深い眠りに入り、その後は浅い眠りが続くという独特のパターンであることがわかります。これは、夜の眠りのいいとこどりをした睡眠パターンで、わずか15分ほどの昼寝が夜の眠りの1時間半から2時間に相当するともいわれています。

だからこそ、夜の眠りに影響を与えてしまうわけですが、昼寝には記憶力を増強する働きやストレス低減の効果、さらにアルツハイマー型認知症の発症リスクが5分の1に低下するという研究結果もありますから、プラスとマイナスを考えると、プラスのほうが多いと思います。

とくに、習い事を始めたという人や、物忘れが気になる人には、昼寝をしたほうがいい結果が得られるはずです。昼寝という言葉に罪悪感を覚えるなら、「ちょこっと寝」と言い換えてみてはいかがでしょうか。

でも、夫が四六時中家にいるだけでイライラが募っている妻にとって、夫がのんびり昼寝をしている姿は、腹立たしい以外のなにものでもないそうです。それなら奥さんも、一緒に「ちょこっと寝」をしてしまえばいいと思います。そうすれば、「主人在宅ストレス症候群」も改善できるはずです。

ただし、いくら効率がいいからといって、長すぎる「ちょこっと寝」はいけません。30分以上になると、本格的な睡眠パターンが出現してしまうため、ますます夜の睡眠に影響を与えてしまいます。

さらに、習慣的に1時間以上の昼寝をしているシニアは、アルツハイマー型認知症の発症リスクが3倍、2時間以上の昼寝の場合はなんと14倍にも達するという調査結果もありますから、30分以内に抑えてください。

寝る前に「今日もいい日だった」とつぶやく

「ToDoリスト」というのをご存知でしょうか。これは、「行うべきこと」をリストにしたものです。

最近は、スマートフォンにアプリを入れて利用しているビジネスパーソンが多いと思いますが、私の知人の医師（58歳）は、未だに手帳に細かく「行うべきこと」を書き込んでいます。

そして、夜、ベッドに入る前に、そのリストを見返して、ひとつひとつ2本線で消していくことを日課にしているそうです。こうして、やり忘れたことがないかどうかをチェックするわけです。

彼の素晴らしいところは、チェックし終わった後に必ず、手帳の余白に「今日もいい日だった」と書き添えるところです。

「やり残したことがたくさんあった日にも書くの？」

ちょっと意地悪かなと思いましたが、こう聞いてみたところ、

「もちろん！　だって、そうしてリストのチェックができているということは、無事一日を終えられたということじゃないですか。大過なく一日を過ごせたのですから、十分いい日だったということですよ」と答えてくれました。

これは、以前に紹介した「自己知覚理論（表情や行動が感情を決めるという考え方）」にポジティブシンキングを加えた素晴らしい習慣です。

これを聞き、私も手帳の最後に「今日もいい日だった」と書き込むようにしました。すると、本当にいい日だったと思えてくるから不思議なものです。これを習慣にしてから、嫌な気分を翌日に持ち越すことがずいぶんと少なくなりました。

誰にも、嫌なことがあった日はあるでしょう。体調が優れなかった日もあるはずです。そんな日でも、「今日もいい日だった」と書くと、とてもいい日だったと思えてきますから、ぜひ真似してみてください。いい日だったか悪い日だったか、それを決めるのは、あなたの思いひとつなのです。

ヘルシーでリーズナブルな「白湯」

テレビやラジオ、新聞、雑誌と、あらゆるメディアで健康食品の情報が流れています。もはや健康食品は、流行から定番へと変化しているようです。

時として、医師の私でも知らないものがあったり、多くの効能が紹介されていたりして、「へ〜、そうなんだ」「ちょっと試してみたいな」と思ってしまうくらいですから、普段から健康に不安を感じているシニアにとっては、とても興味深いのではないでしょうか。

しかし、健康食品のなかには、かなり高額なものも少なくありません。なかには「高い健康食品を買って、普段の食生活にお金をかけられなくなった」というシニアもいるとか……。しかし、それでは本末転倒でしょう。

実は、私がおすすめしている健康食品が「白湯《さゆ》」です。水を温めただけのもので、それ以外は何も入っていません。

「白湯に効き目があるのか」と首を傾げる人もいるでしょう。しかし、インドの伝統医学「アーユルヴェーダ」に、最高の飲み物として紹介されています。

アーユルヴェーダに記されている効果は次の通りです。

・余分な水分を体内から排出し、むくみがとれる。
・血行がよくなって代謝《たいしゃ》が上がり、弱った気力や体力を回復できる。さらに、ダイエット効果もある。
・毒素や老廃物を体外に排出する手助けをするため、便秘が改善し、肌がきれいになる。

こうした効能が知られたためか、効果的なヘルシードリンクとして注目されるようにもなりました。

そこで、白湯の作り方を紹介しておきましょう。

・やかんに水を入れ、蓋《ふた》をして強火にかける。
・沸騰したら蓋をとって火を弱め、10分から15分ほど沸かし続けます。

これを毎朝コップ1杯ずつ飲むと、胃腸が温まり、老廃物を押し流す働きが強まります。同時に、全身の代謝も上がるとされています。

今まで、お茶やコーヒーを飲んでいた人は、その代わりに白湯を飲んでみてください。ちなみに、すするようにゆっくり飲むのが効果を高める秘訣らしく、1週間くらいで体調がよくなっていくのを実感できるはずとか。

ただし、いくら体にいいからといっても飲み過ぎないことも大切なので、1日に1リットルを目安にしておきましょう。たとえば、食事の直前・直後にガブ飲みすると、消化機能が落ちてしまいます。胃もたれを感じるようになることもありますから、要注意です。

ヘルシーにして、リーズナブルな白湯は、お茶をいれたり、コーヒーをいれたりする手間もいりません。ぜひ一度、試してください。

腹式呼吸でストレスを解消する

集中してものごとに取り組み、一段落すると、フーッとひと息つくことがあります。これは、満足感や安堵《あんど》感がこめられた「フーッ」でしょう。一方、ストレスを感じたときに「ハーッ」と出るため息は、気持ちをよどませがちです。

ストレスを感じたとき、あるいはイライラしたときには深呼吸が効果的ですが、「腹式呼吸」もマスターしておくといいでしょう。

多くの人は、昼間に活動しているときや緊張したとき、あるいはストレスを感じているときには、胸の筋肉を使った呼吸をしています。そして、寝ているときやリラックスしているときに、実は無意識のうちに腹式呼吸をしています。

寝ているときには自然にやっている呼吸法ですから、決して難しいものではありません。

仰向けに寝た状態から、次の順で練習してみましょう。

①仰向けになり、両ひざを立てて、両手はお腹の上に置きます。

②軽く息を吐いてから、ゆっくりと大きく息を吸います。このとき、お腹をふくらませながら、深く静かに吸い込むように意識してください。

③もうこれ以上吸い込めないというところまで吸ったら、いったん息を止め、それからゆっくりと息を吐いていきます。お腹をへこませながら、ゆっくりゆっくりと。このとき、息を吸ったときの2倍くらいの時間をかけるつもりで吐くといいでしょう。

息を吸ったときにはお腹がふくらみ、吐き出したときにはお腹がへこむことをよく確認してくださいね。また、吐くときは息をすべて吐き出すつもりで、ゆっくりと時間をかけて吐ききりましょう。すべて吐ききれば、次に吸い込むときに、自然にたくさんの空気を取り込めるからです。

たったこれだけのことですから、すぐにできるでしょう。

そして、ここからがポイントです。慣れてきたら、座った状態でも試してみるのです。正座でもあぐらでもけっこうです。肩の力を抜いて背筋を伸ばし、両手はひざの上に自然に置いて、仰向けのときと同じ要領で呼吸を繰り返してみましょう。

最初は、呼吸に合わせてお腹がふくらんだりへこんだりしているのを確認するために、手をお腹に当ててもいいでしょう。もちろん、イスにかけたままでもOKです。

座った状態でも腹式呼吸ができるようになったら、立った状態でもできます。いつでもどこでも腹式呼吸ができるようになれば、手軽にできる健康法をひとつマスターしたようなものです。

腹式呼吸は、吸うときも吐くときも、ゆっくりと長く呼吸することで、新鮮な酸素をたっぷり体内に取り込むことができます。日課にすれば、内臓のはたらきが活発になり、その結果、体調もよくなってきます。なかには、日々の生活に腹式呼吸を取り入れることで、ウエストが引き締まったという人もいるのです。

腹式呼吸には自律神経のはたらきをコントロールする作用もあります。イライラしたり、クヨクヨしたりしがちな人にとって、気持ちを落ち着かせる効果があります。

昨今、「怒りの感情は6秒我慢すると消える」という説が注目されています。腹式呼吸も、数十秒でストレスやイライラを解消させるというわけですね。

背筋を伸ばすだけで心が晴れる

ふとショーウインドウに映る人の姿を見かけ、「あ、ずいぶん疲れている人がいるな」と思ったら自分自身だった……。そんな経験はありませんか。そのとき、あなたは落ち込んだり悩みをかかえていませんでしたか。

人の心理状態は、姿勢や歩き方にあらわれるものです。家族や友人などとの関係がうまくいっていないときは、自然にうつむきがちになりますし、逆にプライベートが充実していると、背筋はピンと伸び、前を向いて歩いているでしょう。

実は、背中を丸めて猫背気味に歩いていると、目線が下がります。これでは周囲に目がいかないので、歩くこと自体が危険です。

言うまでもなく、背骨はわたしたちの体を支える重要な役目があります。背骨の周辺には心身の活動をコントロールする神経が無数に張り巡らされているので、猫背の姿勢でいることは、大切な神経路に歪《ゆが》みを生じさせることにもなるのです。

しかも、その歪みで最も影響を受けるのが自律神経です。

自律神経は、精神、つまり心とも深くかかわっています。たとえば、眠れなかったり、イライラしたり、不安になったり、突然、涙が出たりするなど、病的な疾患《しっかん》がないにもかかわらず、頭痛や息切れ、下痢、イライラ、全身の倦怠感《けんたいかん》などの症状があらわれることもあるのです。

気持ちが沈んでいるときに、「はい、笑って」と言われても、ひきつったような笑い顔にしかできないかもしれません。軽快に動けといわれても、体がついていかないでしょう。でも、背筋を伸ばすくらいなら、できそうですね。いってみれば、「形から入る」といったところでしょうか。

背筋を伸ばせば、気分はシャキッとするし、自然に目線も上向きになります。そのくらいのことでと思われるかもしれませんが、へこんだときこそ、「上を向いて歩こう」でも口ずさみながら、背筋を伸ばしてみましょう。

どんよりした心は体をほぐすと直る

体の調子はそれほど悪くないのに、どうにも気分がのらなくて……というときがありますね。

こんなときには、ゴルフの打ちっぱなしやスポーツジムにでも行ってひと汗流せば、気分もスッキリするのでしょう。でも、今はとてもそんな気分になれないという状態なら、どうすればいいでしょうか。

何もする気が起きないとなると、散歩に出ることさえも面倒に思えてしまいます。まして、雨が降っていたり、風が強く吹いていたりすれば、なおさら出かける気分になれませんね。

半日や1日なら、「たまには休養」と考えて、のんびり過ごすのもいいでしょう。しかし、そうした気分の日が2日、3日と続けば、心もよどみかねません。

そんなときには、まず体からほぐしてみましょう。家の中でストレッチをして、全身の筋肉を少しずつ動かします。手足をぶらぶらさせたり、背伸びをしたり、ゆっくりと屈伸運動をしたりという具合に、運動というよりも、力まないでやる「ちょこっとずぼらな体ほぐし」と思ってください。

少しずつ体を動かせば血流はよくなり、体も温まってきます。そうなれば、気分も自然に明るくなっていくでしょう。

血液は酸素や栄養素を全身へ運ぶ役割を担っているので、体を動かすことで、その機能が高まるというわけです。

気分が少しよくなったら、ジョギングとはいわないまでも、散歩くらいに出かけたいところです。しかし、そうはいっても、「いや、まだまだ、そこまでの気分にはなれない」という場合もあります。こんなときにおすすめしたいのが、マッサージです。一度試してみると、プロのマッサージが実に気持ちがいいものだとわかるはずです。

最近は、駅前などで、手や指のコースや足ツボを押すリフレクソロジーなど、全身マッサージではなく、短時間のうちに、身体の一部をマッサージしてくれる店も見かけます。そんなところで気軽にマッサージを受けるといいでしょう。

大切なのは「気持ちいい」と感じることですから、全身マッサージでなくてもかまわないのです。

ただし、体があまり凝りすぎていると、最初のうちは痛みばかり感じるかもしれません。でも、体がほぐれてくるにつれ、気持ちがよくなり、体全体が軽く感じられるようになるはずです。

「疲れがたまっているようですね。肩から首にかけて、かなり凝ってますよ。少し気持ちを楽に持ったほうがよろしいのでは」

そんなアドバイスに、心も癒やされるかもしれません。

訃報が届いても考えすぎない

年齢を重ねるにつれ、親類や友人、知人の訃報《ふほう》が届くことが多くなります。兄弟姉妹や幼なじみ、これまで苦楽を共にしてきた人たちと二度と会えないと思うと、無念な思いがこみ上げてくるのは当然です。

とはいうものの、生まれて来た以上、死は必ず訪れるものです。ひどいことを言うようですが、これからますます訃報は増えるでしょうから、必要以上に大きな衝撃を受けていると、それこそ身が持たなくなってしまいます。

以前にも話した通り、喪失体験は大きなストレスになります。それは、シニアの患者さんから頻繁に、このような相談を受けることからも実感させられます。

そんなとき、私は、「亡くなったからこそできる、つきあい方があると思うんです」とアドバイスするようにしています。

生きていたときには時間や労力を使わなければ会えなかった人でも、亡くなったら思い出すだけで会話ができます。考え方によっては、亡くなった人とは生きているときよりもはるかに濃密なコミュニケーションがとれるわけです。

困ったことが起きたり、助けが必要なときも、時空を超えて駆けつけてくれ、的確なアドバイスをしてくれるでしょう。

最初は「えっ！」という顔をしていた人でも、ここまで聞くとそれなりに納得してくれますが、みなさんはどうでしょうか。

ところで、「必要以上に大きな衝撃を受けていては身が持たない」と話しましたが、これは「悲しむ必要はない」という意味ではありません。

友人や近親者が亡くなって悲しいのはあたりまえです。この感情を無理に押し殺してしまうと、かえっていつまでもクヨクヨ思い続けるようになります。悲しいときは、思う存分悲しんでください。

でも、「二度と会えない」ではなく、「頻繁に会えるようになった」と考えれば、その悲しみもずいぶん軽くなると思うのです。

死の備えをしてクヨクヨを吹き飛ばす

もうひとつ、死について触れておきましょう。

シニアのなかには、友人・知人の死の報せを聞いて、自分が死ぬときのこと、死んだ後のことを考え始めて不安になってしまうという人が少なくありません。患者さんからも、このような悩みを聞きます。

でも、何度も話しますが、死は絶対に避けられないこと。いくら考えても仕方がないと思います。だから、死についても、ちょこっとずぼらに考えて、今この瞬間を生きていることの喜びを感じてほしいと思うのです。

といっても、一度、死のことを考え始めてしまうと、なかなかそう簡単に気持ちを切り替えられない人がいます。

私はこんなとき、「それなら、遺言書《ゆいごんしょ》を書いておくといいですよ」とアドバイスするようにしています。

ほとんどの人はギョッとした顔をします。なかには「先生、からかっているんですか。縁起でもない！」と怒り出す人もいます。

もちろん、からかっているわけではありません。「備えあれば憂《うれ》いなし」という言葉通り、遺言状という死のシンボルを準備しておくことで、逆に死に対するクヨクヨした気持ちを打ち消すことができるのです。

私のアドバイスに納得しても、「私には遺言書を作るほどの財産はない」と言う人が多いのですが、財産とは現金だけではありません。現在暮らしているマンションひとつとっても数千万円はする時代です。しかも、遺産相続のトラブルが最も多いのは、自宅とわずかな預貯金だけが残された場合だそうですから、考え直したほうがいいでしょう。

遺言書を書き始めると、「家は長男に残すだろう。となると、長女は文句を言うだろうから、国債を全部あげて……」と、考えることが山ほど出てきます。死に対するクヨクヨした気持ちなど、どこかへ吹き飛んでしまうかもしれません。

お気に入りの言葉はありますか

人生経験の豊かなシニアは、多少のミスやトラブルがあっても、それを解決する手立てをもっているでしょう。

しかし、「人生には3つの坂がある。上り坂と下り坂、そして『まさか』だ」という言葉もあるように、思いもよらぬことに遭遇する場合もあります。しかも、弱り目に祟《たた》り目で、次から次へと問題が起こり、「今度という今度はまいったな」ということがあるのもまた人生です。

そんなときに、つい口をついて出てしまうのが、

「一難去ってまた一難か」

「こんなことがいつまで続くのだろう」

「誰にも、この状況はわかってもらえないだろうな」

などといった言葉かもしれません。たしかに、つらいことが続けば弱気になり、ため息をつき、ネガティブな思考になってしまうものです。

しかし、不思議なもので、口にした言葉は、耳から入り、脳に伝わり、心に響きます。つまり、自分の言葉がブーメランのように、再び自分のもとへ返ってくる。逆にいえば、ポジティブな言葉を口にすれば、それもまた自分自身の心に届くでしょう。

ある人が、あまりに長い間、雨が降り続くので、気象予報士の資格を持つ友人に、「この雨はやむのかね？」と尋ねたところ、「うん。きっとやむよ。僕の知るかぎり、これまでに、やまなかった雨はないからね」という返事をされたそうです。

たしかに、「明けない夜」も、「出口のないトンネル」もありません。真っ暗な長いトンネルも、ライトを頼りに進んでいけば、やがて出口が小さな光としてあらわれます。

ライトを点《つ》けてひたすら進むのは、自分自身以外の誰でもありません。そのライトの役割を担ってくれるのが、ポジティブな言葉ではないでしょうか。

「きっと、なんとかなる」あるいは「なんとかしてみせる」という言葉を発すれば、それが耳から脳へ、そして自分自身の心へと届きます。

落ち込んだ気分をプラスに転じさせるのも、マイナスに引きずり込むのも、言葉次第というわけですね。

となれば、そのときのために「お気に入りの言葉」を用意しておきたいところ。歴史上の人物の名言でも、著名人の名句でも、映画の名セリフでも、好きな歌の歌詞の一節でも、自分の気持ちをポジティブにしてくれる言葉であればなんでもいいので、それを口ぐせにしてしまいましょう。

甲子園を沸かせる高校球児のなかには、ピンチになったり、ここ一番のチャンスになると、胸のマークに触れたり、帽子のつばの裏に書いた言葉を確かめる選手がいます。いずれも自分を鼓舞《こぶ》する「お守り」であり「おまじない」です。

これを「迷信」の一言で片づけるわけにはいきません。そうしたしぐさで、集中力を高めた結果、ピンチを脱したり、チャンスをものにしたりというシーンは、誰もが目にしているはずです。

落ち込んでいるときには、自分のお気に入りの言葉をつぶやき、どうか心の支えにしてください。

【著者紹介】

保坂　隆（ほさか　たかし）

1952年山梨県生まれ。慶應義塾大学医学部卒業後、同大学精神神経科学教室入局。1990年より米国カリフォルニア大学ロスアンゼルス校（UCLA）精神科に留学。東海大学医学部教授、聖路加看護大学臨床教授、聖路加国際病院精神腫瘍科部長、聖路加国際大学臨床教授などを経て、現在、聖路加国際病院診療教育アドバイザー、保坂サイコオンコロジー・クリニック院長。

著書に『敏感すぎる自分が幸福いっぱいに変わる生き方』（電波社）、『結局、怒らない人が長生きする』（朝日新聞出版）、『精神科医が教える毎日がスッキリする「老後の快眠術」』（PHP研究所）、『精神科医が教える50歳からのお金をかけない健康術』（大和書房）など多数がある。

精神科医が教える
ちょこっとずぼら老後のすすめ

二〇一八年二月十五日　第一刷発行
二〇一八年三月二十日　第三刷発行

著　者＝保坂《ほさか》　隆《たかし》
発行者＝下村のぶ子
発行所＝株式会社　海竜社
東京都中央区明石町十一の十五　〒一〇四―〇〇四四
電　話　（〇三）三五四二―九六七一（代表）
ＦＡＸ　（〇三）三五四一―五四八四
郵便振替口座＝〇〇一一〇―九―四四八八六
ホームページ＝http://www.kairyusha.co.jp
本文組版＝株式会社キャップス
印刷・製本所＝中央精版印刷株式会社
落丁本・乱丁本はお取り替えします。

ISBN978-4-7593-1593-6　C0095